REPARACIONES
y RENOVACIONES

cocinas

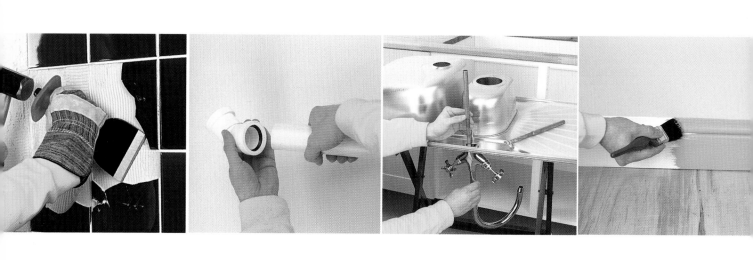

REPARACIONES
y RENOVACIONES

cocinas

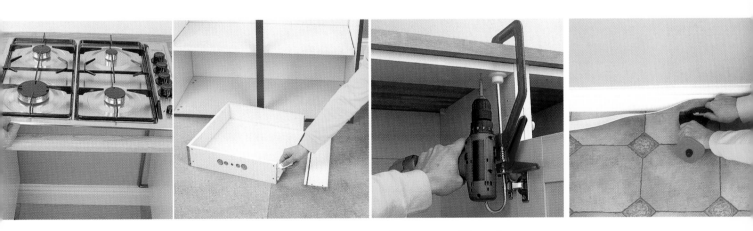

Julian Cassell y Peter Parham

cocinas **contenido**

6   **introducción**

10   anatomía de las cocinas

12   la forma básica de una cocina

14   cocinas de elementos integrados

16   cocinas con muebles independientes

18   cómo se instalan las cocinas

20   **planificación**

22   opciones de cambio

24   planificación de una cocina

26   selección del mobiliario

28   elección de la encimera

30   selección de electrodomésticos
       y accesorios

32   áreas de comida

34   orden del trabajo

36   herramientas y materiales

38   **elementos integrados
       de cocina**

40   preparación la cocina

42   trabajos aléctricos y fontanería

44   elementos de paquete plano

46   nivelación

48   elementos de base o de suelo

50   elementos de esquina

52   elementos de pared

54   puertas y frontales de cajones

56   encimeras de madera

58   encimeras de otros materiales

60   cornisas, molduras y paneles de
       terminación

62   zócalo

64   barras para desayuno

66   cajeados

68   **accesorios de la cocina integrada**

70   opciones sonre accesorios

72   colocación de fregaderos

74   módulos de cocina y horno

76   extractor con campana

78   colocación de lavaplatos y lavadora

Cambiar el aspecto de la zona de salpicadura no puede ser más sencillo: simplemente pinte sobre los azulejos o sustitúyalos por otros nuevos. Véase pag. 135.

80 colocación de suelos

82 opciones de suelos

84 materiales bajo el solado

86 colocación de suelo de vinilo

88 colocación de baldosas

90 colocación de suelo laminado

92 suelos de madera

94 toques finales

96 opciones sobre acabados

98 colocación de estantes

100 muebles de techo y en península

102 acabados de una encimera de madera

104 alicatado de paredes

106 alicatado de encimeras

108 acabado decorativo

110 colocación de cortinas y estores

112 reparaciones en la cocina

114 renovación de encimera

116 reparación de puertas y cajones

118 reparación de azulejos y baldosas

120 sustitución de grifos y zapatas

122 mantenimiento de fontanería

124 renovación de una cocina

126 sustitución de encimera

128 sustitución de puertas y tiradores

130 transformación de muebles

132 pintado de muebles

134 renovación de zonas de salpicadura

136 glosario

139 índice

143 contactos útiles

144 agradecimientos

introducción

Hacer trabajos para mejorar la propia vivienda se está convirtiendo en un pasatiempo de moda y cada vez hay más personas entusiastas que prefieren hacer ellos mismos los trabajos que se solían encargar a profesionales. Tomar uno mismo a su cargo un proyecto, y ejecutarlo desde la planificación al toque final, puede ser más gratificante que contratar a alguien, pero además garantiza que el aspecto final coincidirá con el deseado y todo ello con un coste de trabajo mínimo que dará lugar a un verdadero ahorro de dinero.

Pensando en hacer renovaciones

Cuando se hojean las revistas de decoración o se pasea por las exposiciones de los establecimientos especializados, es fácil comprobar la gran cantidad de mejoras e innovaciones en diseño de cocinas que se han producido en los últimos años. Lo que antes era el terreno del ama de casa es ahora un área de vida en común que proporciona un espacio para cocinar cómodo y con estilo.

La sección más amplia del mercado es con mucho la de los muebles de cocina integrados, que proporcionan una fórmula para instalar electrodomésticos y muebles en una o más hileras con un acabado común y aspecto uniforme, de modo que se aprovecha al máximo el espacio al tiempo que se consigue un acabado más elegante. Los muebles integrados han avanzado hasta tal punto que muchos electrodomésticos, como el lavaplatos, se pueden alojar en elementos especialmente diseñados que encajan a la perfección con el resto de la cocina. Los adelantos en el terreno de aparatos se traducen también en que hoy en día resulta raro encontrar una cocina que tenga sólo fuegos y fregadero. Por el contrario, lo habitual es encontrar un gran número de electrodomésticos y a menudo el simple fregadero es sólo una toma de agua para el lavaplatos, ya que es éste el que se encarga de fregar.

Con la revolución del bricolaje, mucha gente puede ahora hacerse cargo de trabajos que antes se encargaban a un profesional y el campo de la instalación de cocinas no es una excepción a esta regla. Por el contrario, los fabricantes han hecho un esfuerzo para construir muebles y elementos que puedan ser instalados con facilidad por cualquier aficionado al bricolaje. La mayoría de los muebles de cocina en kit siguen el principio de diseño por el cual el montaje es un proceso lógico por el que se va construyendo sistemáticamente la nueva cocina, elemento a elemento en el correcto orden. Una gran parte de este libro está dedicada por tanto a describir los procesos correctos para planificar, preparar, montar y dar los acabados finales a una cocina nueva, con vistas a obtener los mejores resultados.

Planificar, instalar y acabados finales

Antes de comenzar un proyecto de renovación completa de una cocina, es importante tener una idea clara de la forma en que uno relaciona su cocina en el día a día. Una vez que se entiende cómo funciona esto, actualmente se está en condiciones de juzgar hasta qué punto el diseño de la cocina se podrá cambiar para mejorar la eficacia de su funcionamiento. Puede que sea suficiente con una mejora y modernización del formato ya existente de muebles y aparatos, o puede que sea necesario un replanteamiento del formato, en cuyo caso será importante tener conocimientos básicos de la estructura de una cocina y sobre cómo hacer el nuevo diseño para cubrir necesidades diferentes. El capítulo 1 da un repaso

IZQUIERDA: *La instalación de un extractor y una campana convierte la zona de cocción en el centro visual de esta hilera de elementos.*

completo al diseño de cocinas y analiza los factores que pueden influir en la elección de un formato, como, por ejemplo, la forma en que las tomas de agua, gas o electricidad deben adecuarse a los principales aparatos. También muestra cómo hacer el mejor uso del espacio disponible según la forma de la cocina. El capítulo también analiza las opciones disponibles para cocinas con muebles independientes y las posibilidades de combinar éstos con los muebles integrados para conseguir el efecto deseado.

Al llevar a cabo trabajos de mejora en la cocina ocasionará alguna molestia en las actividades diarias de la casa. Es por tanto muy importante planificar cuidadosamente el trabajo de renovación de manera que las molestias que se produzcan sean las mínimas. En el capítulo 2 se analizan los temas que se necesitará tener en cuenta para una correcta planificación y también se muestran las opciones disponibles sobre tipos de muebles por elementos, aparatos, accesorios y materiales para encimeras, de manera que le será posible hacer correctamente su propia

elección final. Incluso si usted va a llevar a cabo la mayor parte del trabajo, puede ocurrir que se necesite buscar la ayuda de un profesional para alguno de los trabajos intermedios. Por ejemplo, puede que usted considere prudente dejar en manos de un profesional los trabajos de fontanería y los cables eléctricos, y ciertamente los cambios y manipulaciones de las tuberías de gas deben ser hechos por personal cualificado. En este mismo capítulo 2 se ve también cuál es la mejor forma de establecer contacto con los profesionales para asegurar que el trabajo se haga de la forma más rápida, eficaz y a un precio razonable. Teniendo todo el trabajo de renovación cuidadosamente planificado y coordinado, ponerse manos a la obra es sólo cuestión de seguir metódicamente las correctas técnicas y procedimientos para montar una cocina. Los capítulos 3 y 4 muestran la forma de instalar cualquier tipo de

ABAJO: *Aunque ésta es una cocina predominantemente de muebles integrados, la colocación de un elemento en isla introduce un aspecto innovador que complementa el aire rústico de esta cocina.*

mueble, accesorio o aparato con el que usted se pueda encontrar. Siempre hay pequeñas variaciones entre fabricantes de muebles de cocina, pero la mayoría de ellos comparte unos mismos principios de construcción y procedimientos de montaje. Las técnicas descritas en este libro cubren la mayoría de los diseños con sólo pequeñas diferencias en algunos casos, de manera que proporciona una completa guía paso a paso de los trabajos de renovación y cubre también áreas que a veces se quedan sin cubrir en los manuales del fabricante.

Una vez que los muebles están montados, habrá que centrar la atención en las superficies de esa habitación que puedan necesitar también una modernización, como es el caso de las paredes y los suelos cuando se está llevando a cabo la renovación completa de una cocina. Las superficies de una cocina van a tener que soportar un desgaste considerable, y habrá que buscar el equilibrio entre durabilidad y aspecto decorativo a la hora de elegir los materiales más adecuados. Los capítulos 5 y 6 se dedican a estos temas y proporcionan la orientación necesaria para elegir y colocar el suelo correcto y otros materiales decorativos para su cocina.

Reparaciones y renovaciones

Los últimos dos capítulos de este libro le mostrarán cómo llevar a cabo pequeñas reparaciones y detallan algunas formas para dar un aire nuevo a una cocina ya existente sin tener que rehacerla entera. Así se demuestra que muchas cocinas se pueden poner en buenas condiciones de uso o darles un aspecto nuevo con una inversión mínima e incluso el más pequeño de los presupuestos.

Sean cuales sean sus aspiraciones, por muy pequeño o grande que sea el proyecto de renovación que usted planea, o ya sea usted novato o experimentado, este libro le ayudará en cada una de las etapas, guiándole de forma completa a través del proceso de renovación, para ayudarle a alcanzar la cocina atractiva y práctica que usted desea.

ABAJO: *El aspecto de una cocina va muchas veces asociado al estilo y color de las puertas y cajones.*

El formato de este libro ha sido pensado para proporcionar unas instrucciones de trabajo lo más claras y sencillas que sea posible. La ilustración que se muestra abajo da una idea de los diferentes elementos que se incorporan en el diseño de página. Las fotos y gráficos en color combinados con texto explicativo y ordenados paso a paso proporcionan unas instrucciones fáciles de seguir. Cada proyecto va precedido de un recuadro azul que contiene la lista de las herramientas necesarias, de forma que se sabe de antemano lo que va a hacer falta. Otros recuadros con texto explicativo ilustran cada proyecto para poner en relieve algunos temas en particular. Los recuadros rosa de seguridad advierten al lector sobre los temas de seguridad y precauciones a tomar; en ellos se indica también cuándo es conveniente encomendar un trabajo a un profesional. Los recuadros verdes de consejos ofrecen recomendaciones profesionales sobre la mejor forma de emprender cualquiera de los trabajos que componen un proyecto. Los recuadros con el borde naranja describen opciones y técnicas alternativas, importantes para el proyecto en curso, pero no explicados en la página.

Clasificación de la dificultad

Los siguientes símbolos se utilizan para dar una indicación del grado de dificultad de las tareas y proyectos específicos contenidos en el libro. Lo que para una persona puede ser un trabajo fácil puede ser difícil para otra, o al contrario. Estas indicaciones de dificultad están basadas en la habilidad de un individuo en relación con su experiencia y el grado de capacidad técnica requerido.

Sencillo y que no requiere especialización técnica.

Sencillo pero que requiere un cierto nivel técnico.

Difícil y puede incluir más de un tipo de trabajo.

Se requiere un alto nivel técnico.

Los recuadros de seguridad pintados en rosa resaltan los puntos de seguridad importantes de cada proyecto.

Los recuadros de opciones ofrecen información adicional sobre los trabajos relacionados con ese proyecto.

Al comienzo de cada proyecto se da una lista de las herramientas necesarias.

Los recuadros con consejos proporcionan recomendaciones profesionales sobre la mejor forma de llevar a cabo un trabajo.

Los círculos de un determinado color le ayudarán a encontrar fácilmente la página cuando consulte otros capítulos.

anatomía de las cocinas

Una cocina es una habitación de trabajo de la casa, donde se realizan tareas específicas y, como resultado de ello, muchas de las características de diseño, tales como las placas de cocina, los fregaderos o las encimeras, son comunes a todos los tipos de cocina. Es importante entender cómo estos elementos característicos interaccionan, de modo que puedan ser localizados para asegurar que se hace el mejor uso del espacio disponible. Este capítulo considera los componentes vitales que forman la mayoría de las cocinas y cómo se hace el diseño a medida para tener en cuenta las necesidades. Además, este capítulo se refiere a las partes "invisibles" de una cocina, esto es, a las diversas acometidas domésticas que necesitan ser dirigidas a los distintos aparatos, de modo que las instalaciones de la cocina puedan funcionar eficazmente.

La anatomía de esta cocina incluye una disposición compleja: suministro de agua y gas, y mobiliario a medida e independiente.

la forma básica de una cocina

Obviamente, el tamaño y dimensiones de una habitación imponen limitaciones en la forma de una cocina, pero cómo se utiliza el espacio también determinará tanto su aspecto como su funcionamiento eficiente. El diseño de una cocina se fundamenta en tres áreas principales: el almacenaje y la preparación de los alimentos, el cocinado y el lavado. Las tres áreas necesitan estar colocadas para permitir la preparación eficiente y segura de los alimentos. El "triángulo de trabajo" del diseño de cocinas revela cómo estas tres áreas interaccionan mejor, mostrando las posiciones ideales del frigorífico y zonas de preparación en relación a la placa de cocina y al fregadero. Las ilustraciones contenidas en estas páginas demuestran cómo se aplica este triángulo de trabajo a tres formas comunes de cocina.

Cocinas en forma de "U"

Este tipo de forma de cocina proporciona probablemente el ejemplo más satisfactorio de un triángulo de trabajo.

Las distancias entre los tres puntos son casi iguales, lo que permite un movimiento y unos accesos óptimos.

El diseño en forma de "U" se encuentra principalmente en cocinas grandes, aunque los mismos principios pueden ser aplicados a cocinas más pequeñas, en las que el espacio en el suelo es mucho más limitado, y en las que una forma similar de triángulo de trabajo aún puede ser mantenida.

COCINAS CON MUEBLES A AMBOS LADOS

Otro diseño popular es el de la cocina con muebles a ambos lados, similar al de la cocina en forma de U, pero más adecuada para una habitación estrecha. Los muebles se sitúan a lo largo de las paredes más largas y se dejan libres las paredes cortas. En esta disposición el triángulo de trabajo todavía presenta similitudes con el de la cocina en U. Algunas cocinas en U, especialmente cuando son muy alargadas y presentan un espacio limitado entre las ramas largas, se pueden incluir en este grupo.

Sin embargo, en una cocina tradicional de este tipo, el fregadero debe moverse a una de las paredes longitudinales, mientras se mantiene un buen triángulo de trabajo, con dimensiones adecuadas.

Los muebles de pared se sitúan a menudo por encima de la zona principal de manipulación para proporcionar capacidad de almacenamiento de fácil acceso.

El fregadero se sitúa bajo la ventana.

Se pueden instalar en esta zona muebles de pared, siempre que no se sitúen sobre la placa de la cocina.

El frigorífico se sitúa en posición central y debajo de la encimera principal.

La zona de comidas está alejada del triángulo principal de trabajo, pero con fácil acceso desde el área de servir situada junto a la placa de cocina.

La puerta puede abrirse sin peligro de golpear a quien trabaja en la cocina.

Como sugiere el nombre, es una cocina en la que los muebles cubren la mayor parte de dos paredes adyacentes de la pieza. El triángulo de trabajo aún puede mantenerse, aunque las distancias entre los tres puntos ya no sean iguales. Dependiendo del tamaño de la habitación, todavía podría ser posible la inclusión de una zona de comidas dentro de la cocina.

Consejos profesionales

Posición del fregadero: En la mayor parte de las cocinas se tiende a colocar el fregadero bajo una ventana. La principal razón para ello es la de tener más vista cuando se realizan tareas en el fregadero. Sin embargo, la colocación del fregadero bajo la ventana también garantiza que está junto a un muro exterior, lo que hace mucho más fácil la unión de las tuberías de desagüe a un colector exterior.

Espacio de almacenamiento sobre la zona de preparación. Aunque pueda quitar algo de luz, puede ser una buena solución cuando se requiere espacio adicional de almacenamiento.

Fregadero situado bajo la ventana.

Muebles de pared adicionales proporcionan capacidad de almacenamiento, pero no deben situarse por encima de la placa de cocina. Ésta se sitúa en el centro de la encimera, dejando a ambos lados un gran espacio para servir las comidas.

La puerta puede abrirse sin peligro de golpear a quien trabaja en la cocina.

La zona de comidas permite el mejor uso del espacio disponible y se sitúa cerca de la zona de servir comidas de la encimera.

Son de diseño simple y se aplican frecuentemente a cocinas largas y estrechas, en las que la colocación de muebles en dos frentes resulta imposible por la falta de espacio. En algunos casos, sin embargo, esta opción de forma de cocina es elegida cuando las preocupaciones presupuestarias son fundamentales y una simple línea de muebles de cocina es todo lo que se requiere. A pesar de que todos los muebles y accesorios están ubicados a lo largo de una única pared, todavía puede mantenerse un triángulo de trabajo, aunque las dimensiones de este triángulo hayan de ser considerablemente alargadas para encajar en el diseño de la cocina.

La placa de cocina se instala con espacio libre a ambos lados para servir las comidas.

El frigorífico se sitúa bajo la parte central de la zona de preparación de alimentos.

El fregadero se sitúa de modo que se comparta la luz natural con la zona de preparación de alimentos. La instalación del fregadero a tope contra la pared deja una zona continua mayor para la preparación de alimentos.

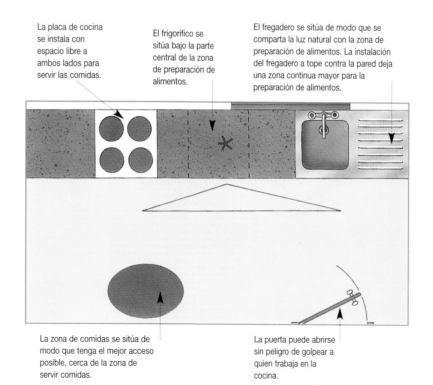

La zona de comidas se sitúa de modo que tenga el mejor acceso posible, cerca de la zona de servir comidas.

La puerta puede abrirse sin peligro de golpear a quien trabaja en la cocina.

cocinas de elementos integrados

La expresión cocina de elementos integrados se usa para describir un tipo de cocina en la que los muebles se ajustan "in situ" para crear la impresión de que están construidos en el interior de la habitación. La mayoría de las cocinas modernas son de esta variedad. Naturalmente, la apariencia y funcionalidad de los muebles individuales varía entre los fabricantes, pero pueden ser clasificados en diferentes categorías, según sean hechos a mano o estándar, y según estén colocados sobre el suelo, en la pared o sobre la encimera.

Muebles hechos a mano

Los muebles hechos a mano son tradicionalmente más caros que los estándar, dado que los costes de mano de obra son mayores y que se tiende a usar materiales de más alta calidad. Todas las puertas, cajones y armazones de los muebles de este tipo se construyen usando métodos tradicionales de ensamblaje, tales como las uniones en cola de milano, y en general se realizan con maderas macizas, blandas o duras, que garantizan la durabilidad, más que con aglomerado y laminado. La instalación de cocinas hechas a mano es una tarea de alta especialización y la mayoría de la gente no intenta emprenderla por sí misma.

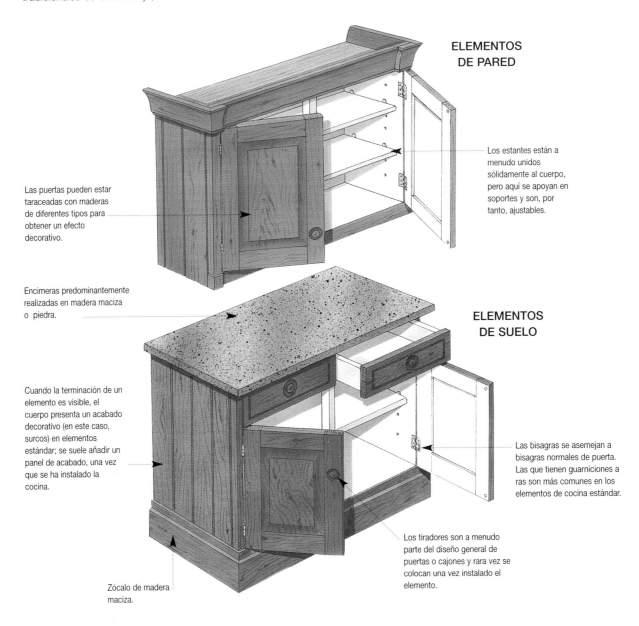

ELEMENTOS DE PARED

Las puertas pueden estar taraceadas con maderas de diferentes tipos para obtener un efecto decorativo.

Los estantes están a menudo unidos sólidamente al cuerpo, pero aquí se apoyan en soportes y son, por tanto, ajustables.

Encimeras predominantemente realizadas en madera maciza o piedra.

ELEMENTOS DE SUELO

Cuando la terminación de un elemento es visible, el cuerpo presenta un acabado decorativo (en este caso, surcos) en elementos estándar; se suele añadir un panel de acabado, una vez que se ha instalado la cocina.

Las bisagras se asemejan a bisagras normales de puerta. Las que tienen guarniciones a ras son más comunes en los elementos de cocina estándar.

Los tiradores son a menudo parte del diseño general de puertas o cajones y rara vez se colocan una vez instalado el elemento.

Zócalo de madera maciza.

Los elementos de cocina estándar son mucho más baratos que los hechos a mano, puesto que se producen en grandes series y generalmente están fabricados de aglomerado con un acabado laminado, aunque la calidad y el precio varían considerablemente. Además de enfocados a lograr una apariencia agradable a la vista, los diseños modernos se dirigen de modo creciente a necesidades específicas de la cocina.

Automontaje

Conocidos comúnmente como paquetes planos, los muebles de automontaje se suministran despiezados en sus partes constituyentes, y, como sugiere su nombre, es tarea de cada individuo el ensamblar dichas partes. Los elementos de automontaje ocupan el extremo inferior de la escala de precios, pero hay disponibles algunos de una excepcional alta calidad, y mediante una selección cuidadosa se puede realizar una cocina excelente. Se necesitará más tiempo para el montaje, pero esto puede ser compensado por las ventajas financieras.

Rígidos

La principal diferencia entre los elementos rígidos y los de paquete plano estriba en que los rígidos se suministran montados en fábrica, con objeto de reducir el tiempo de instalación. Como regla general, sin embargo, tan sólo se suministran preparados los cuerpos o armazones, en tanto que usted tendrá que montar las puertas, los frontales de los cajones y otros accesorios. Esto permite al fabricante suministrar cuerpos de elementos generales, que pueden ser adaptados para satisfacer el aspecto final deseado de una cocina. En las páginas 26-27 se discute con mayor detalle sobre los diferentes tipos de cuerpo.

Combinación

Los elementos combinados se suministran semimontados, de modo que la mayor parte del elemento puede considerarse rígida, mientras que el resto es de hecho de automontaje. Los elementos de esquina y giratorios son a menudo combinados, al igual que los armazones utilizados para alojar accesorios, tales como frigoríficos u hornos. Al ser semimontados, estos armazones pueden adaptarse para ajustarse a diferentes tipos de accesorios, así como para alojar una mayor variedad de electrodomésticos, ofreciendo al cliente mayores posibilidades de elección.

cocinas de elementos integrados

15

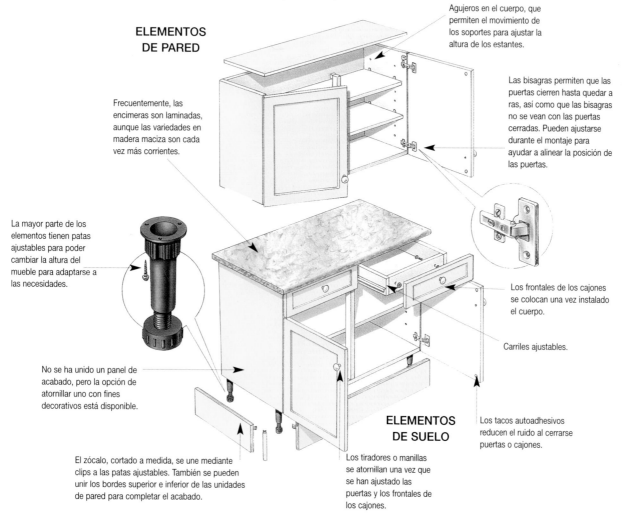

ELEMENTOS DE PARED

Agujeros en el cuerpo, que permiten el movimiento de los soportes para ajustar la altura de los estantes.

Las bisagras permiten que las puertas cierren hasta quedar a ras, así como que las bisagras no se vean con las puertas cerradas. Pueden ajustarse durante el montaje para ayudar a alinear la posición de las puertas.

Frecuentemente, las encimeras son laminadas, aunque las variedades en madera maciza son cada vez más corrientes.

La mayor parte de los elementos tienen patas ajustables para poder cambiar la altura del mueble para adaptarse a las necesidades.

Los frontales de los cajones se colocan una vez instalado el cuerpo.

Carriles ajustables.

No se ha unido un panel de acabado, pero la opción de atornillar uno con fines decorativos está disponible.

ELEMENTOS DE SUELO

Los tacos autoadhesivos reducen el ruido al cerrarse puertas o cajones.

El zócalo, cortado a medida, se une mediante clips a las patas ajustables. También se pueden unir los bordes superior e inferior de las unidades de pared para completar el acabado.

Los tiradores o manillas se atornillan una vez que se han ajustado las puertas y los frontales de los cajones.

cocinas con muebles independientes

Las cocinas con muebles independientes ofrecen un aspecto más tradicional, ya que evocan una época en la que los muebles de cocina y las encimeras eran elementos separados, no unidos permanentemente a paredes o techos, con aparadores y trinchantes separados, que incluían los principales útiles de cocina, además de los fregaderos. El aspecto no integrado ha disfrutado de un cierto renacimiento, con muchos fabricantes que ofrecen cocinas semiintegradas que imitan el diseño de cocina tradicional.

Elementos independientes

La principal diferencia visible entre elementos independientes y elementos de cocina estándar es que los primeros suelen tener un aspecto más parecido a muebles de cada día, que pueden encontrarse en cualquier lugar de la casa. Por ejemplo, un elemento de almacenamiento tiene mayor relación, en términos de apariencia, con un guardarropa o un armario que los elementos modernos de pared y de suelo. Sin embargo, la forma real en que los elementos independientes se construyen y ensamblan en la actualidad es similar a la de los elementos de cocina estándar. Por ejemplo, las puertas y cajones de un elemento independiente están construidos usando exactamente el mismo método que en los muebles integrados; aunque los tamaños sean algo más inusuales, deberán igualmente ser unidos al cuerpo del elemento, una vez que éste ha sido colocado en su sitio. El diagrama de la figura proporciona un ejemplo de un elemento independiente y señala las características que son comunes con las de los elementos de cocina estándar.

ELEMENTOS ACCESORIOS

También es posible comprar elementos accesorios independientes, tales como elementos de sujeción de fregaderos, aunque es probable que el elemento sea suministrado necesitando una cantidad sustancial de trabajo de montaje, así como que haya que cortar la encimera para ajustar el fregadero. De este modo, aunque el aspecto no integral venga proporcionado por los fabricantes, hay que entender que todavía falta un buen trabajo de ajuste y montaje para lograr el aspecto del elemento terminado.

IDEAS TRADICIONALES

También se puede lograr un aspecto no integral usando muebles más tradicionales, tales como trinchantes o aparadores. Se pueden comprar reproducciones nuevas o decorar muebles viejos de acuerdo con sus preferencias. Ésta es una opción atractiva cuando se quiere un efecto de pintura desvaída, propio de los muebles viejos. También se puede considerar la combinación de elementos nuevos y antiguos para crear un aspecto más informal, que puede proporcionar un efecto atractivo.

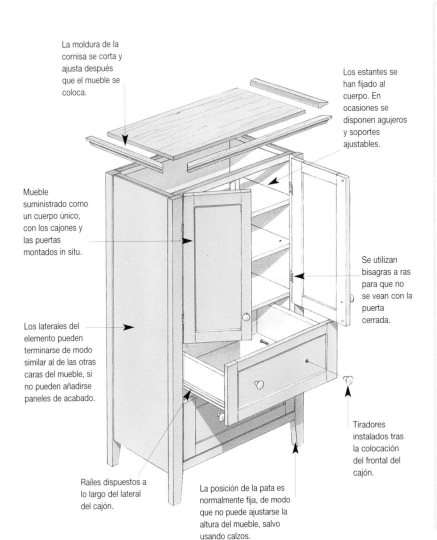

La moldura de la cornisa se corta y ajusta después que el mueble se coloca.

Los estantes se han fijado al cuerpo. En ocasiones se disponen agujeros y soportes ajustables.

Mueble suministrado como un cuerpo único, con los cajones y las puertas montados in situ.

Se utilizan bisagras a ras para que no se vean con la puerta cerrada.

Los laterales del elemento pueden terminarse de modo similar al de las otras caras del mueble, si no pueden añadirse paneles de acabado.

Tiradores instalados tras la colocación del frontal del cajón.

Raíles dispuestos a lo largo del lateral del cajón.

La posición de la pata es normalmente fija, de modo que no puede ajustarse la altura del mueble, salvo usando calzos.

Si no se entorpece con ello el acceso, la colocación de un elemento en isla en la zona central del suelo de la cocina constituye un uso juicioso del espacio. La mesa de cocina sencilla representa la forma más tradicional y básica de un elemento en isla, y este tipo ha sido siempre muy popular dada la gran variedad de funciones que puede satisfacer, actuando igualmente como zona de preparación de alimentos y con mucha frecuencia como una zona de actividad de toda la familia. La única diferencia con las cocinas modernas es la mayor disponibilidad de selección de diseños, habiéndose realizado añadidos para mejorar la utilidad y el atractivo estético. Los elementos en isla no necesitan normalmente ser fijados en su sitio, por causa de su peso, lo que significa que aún pueden moverse con cierta facilidad. El diagrama siguiente muestra un elemento en isla típico que incluye un colgador para proporcionar una zona adicional de almacenaje en lo que de otro modo sería simplemente un espacio de techo inútil.

17

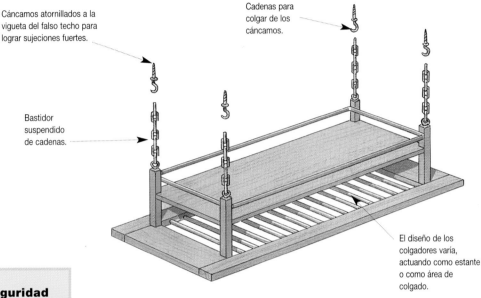

Cáncamos atornillados a la vigueta del falso techo para lograr sujeciones fuertes.

Cadenas para colgar de los cáncamos.

Bastidor suspendido de cadenas.

El diseño de los colgadores varía, actuando como estante o como área de colgado.

Consejo de seguridad

Cuando se quiera decidir la posición del bastidor colgante es importante el uso de un detector de viguetas y de cables. Éste va a asegurar que las fijaciones quedan insertadas en las viguetas para proporcionar un soporte adecuado, al tiempo que se evitan cables o tuberías empotradas en el falso techo.

ISLAS ALTERNATIVAS

También pueden usarse para establecer islas en el centro de la habitación. Estas islas se fijan en su sitio y presentan las características de los elementos de cocina estándar. También es posible instalar fregaderos o placas de cocina en elementos en isla, pero esto requerirá instalar el suministro de agua, gas o electricidad en esa área, lo que puede suponer una tarea complicada. Sin embargo, en el tamaño correcto de cocina, el efecto de tales elementos puede merecer el trabajo que conlleva.

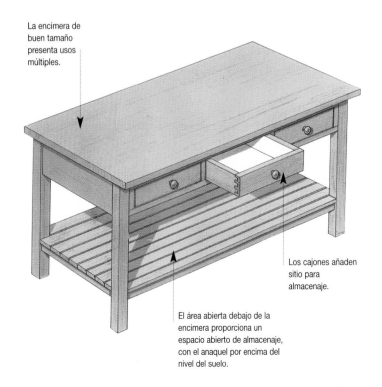

La encimera de buen tamaño presenta usos múltiples.

Los cajones añaden sitio para almacenaje.

El área abierta debajo de la encimera proporciona un espacio abierto de almacenaje, con el anaquel por encima del nivel del suelo.

cómo se instalan las cocinas

El trabajo de instalar una cocina puede dividirse en el relativo a los elementos visibles y en el de los no visibles. Los elementos visibles más importantes son los muebles y varios artículos de integración, tales como la encimera, el zócalo y los frontales de puertas y cajones que se combinan para formar una hilera integrada. La parte no visible de la instalación de la cocina incluye el trazado del suministro de agua, evacuación de residuos, energía eléctrica y gas (si se requiere), de modo que todos los elementos de trabajo funcionen de la manera adecuada y que todas las tuberías antiestéticas queden ocultas a la vista.

Elementos

Una cocina integrada está formada por un conjunto de elementos, unidos entre sí y fijados en su sitio en una o más hileras continuas para crear un aspecto uniforme e integrado o "construido dentro". De este modo la apariencia final de la cocina oculta las partes que la constituyen. El diagrama siguiente ayuda a mostrar cómo interaccionan los diversos elementos para la cocina integrada ya terminada.

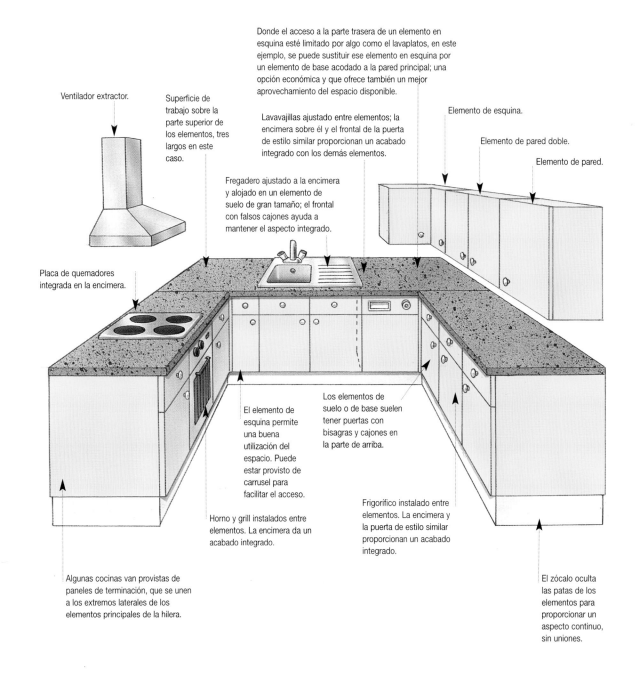

Ventilador extractor.

Superficie de trabajo sobre la parte superior de los elementos, tres largos en este caso.

Donde el acceso a la parte trasera de un elemento en esquina esté limitado por algo como el lavaplatos, en este ejemplo, se puede sustituir ese elemento en esquina por un elemento de base acodado a la pared principal; una opción económica y que ofrece también un mejor aprovechamiento del espacio disponible.

Lavavajillas ajustado entre elementos; la encimera sobre él y el frontal de la puerta de estilo similar proporcionan un acabado integrado con los demás elementos.

Elemento de esquina.

Elemento de pared doble.

Elemento de pared.

Fregadero ajustado a la encimera y alojado en un elemento de suelo de gran tamaño; el frontal con falsos cajones ayuda a mantener el aspecto integrado.

Placa de quemadores integrada en la encimera.

El elemento de esquina permite una buena utilización del espacio. Puede estar provisto de carrusel para facilitar el acceso.

Los elementos de suelo o de base suelen tener puertas con bisagras y cajones en la parte de arriba.

Horno y grill instalados entre elementos. La encimera da un acabado integrado.

Frigorífico instalado entre elementos. La encimera y la puerta de estilo similar proporcionan un acabado integrado.

Algunas cocinas van provistas de paneles de terminación, que se unen a los extremos laterales de los elementos principales de la hilera.

El zócalo oculta las patas de los elementos para proporcionar un aspecto continuo, sin uniones.

Fontanería y gas

El sistema de fontanería de una cocina integrada, que incluye suministros de agua fría y caliente y la evacuación de agua residual, debe estar oculto por el diseño de los elementos. Igualmente, si la cocina usa gas, la tubería de suministro de gas será otro elemento no visto. El diagrama siguiente muestra un trazado posible de la fontanería y el gas en un diseño sencillo de cocina.

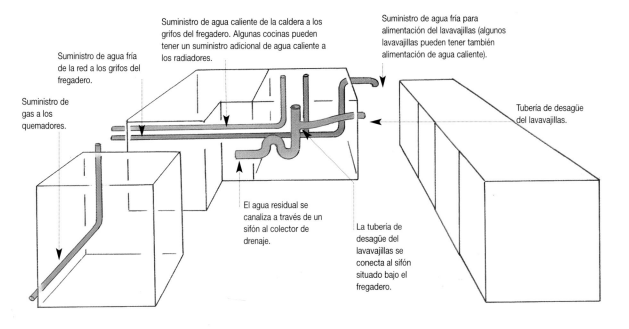

Suministro de agua caliente de la caldera a los grifos del fregadero. Algunas cocinas pueden tener un suministro adicional de agua caliente a los radiadores.

Suministro de agua fría para alimentación del lavavajillas (algunos lavavajillas pueden tener también alimentación de agua caliente).

Suministro de agua fría de la red a los grifos del fregadero.

Suministro de gas a los quemadores.

Tubería de desagüe del lavavajillas.

El agua residual se canaliza a través de un sifón al colector de drenaje.

La tubería de desagüe del lavavajillas se conecta al sifón situado bajo el fregadero.

Electricidad

El suministro eléctrico es otro elemento fundamental no visto de una cocina. La complejidad de este suministro puede ser frecuentemente subestimada, y puede sorprender el elevado número de cables que se necesitan. El diagrama siguiente ilustra las diferentes necesidades de energía eléctrica para una cocina en pleno funcionamiento y muestra la disposición ideal de estos cables.

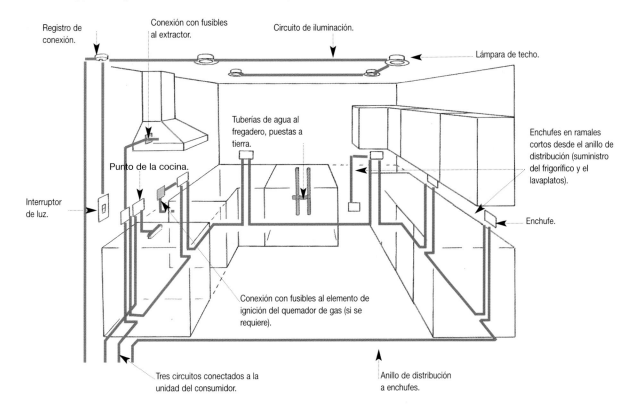

Registro de conexión.

Conexión con fusibles al extractor.

Circuito de iluminación.

Lámpara de techo.

Tuberías de agua al fregadero, puestas a tierra.

Enchufes en ramales cortos desde el anillo de distribución (suministro del frigorífico y el lavaplatos).

Punto de la cocina.

Interruptor de luz.

Enchufe.

Conexión con fusibles al elemento de ignición del quemador de gas (si se requiere).

Tres circuitos conectados a la unidad del consumidor.

Anillo de distribución a enchufes.

planificación

La planificación para realizar un trabajo en una cocina es un procedimiento complicado. Implica habilidades y técnicas muy diferentes en los procesos de montaje y acabado. El logro de renovar una cocina con éxito exige la coordinación de la duración y el orden de la ejecución de cada tarea. Se debe hacer una selección relativa a los tipos de elementos y accesorios que usted necesita. Debe decidir qué partes del montaje pretende realizar usted mismo y qué partes necesitan ser realizadas por un profesional. Por tanto, es importante tomar un tiempo en la planificación para evitar cometer errores que pueden ser difíciles de rectificar una vez iniciado el trabajo. Este capítulo resume estos aspectos y ofrece una guía para ayudarle en la preparación de las tareas a que se enfrenta.

La complejidad en la forma de esta cocina y la necesidad de incorporar un comedor ha requerido una cuidada planificación.

opciones de cambio

El estilo elegido para una cocina viene, en último término, determinado por el gusto personal, pero siempre es importante estar al corriente de las opciones disponibles en el mercado. Usted puede descubrir que sus aspiraciones iniciales deben ser dejadas de lado, generalmente para bien, una vez que haya emprendido una pequeña búsqueda sobre las posibilidades que ofrece el mercado. La selección más importante es obviamente la del estilo de los elementos, ya que éstos proporcionarán el aspecto clave a la sala, pero también debe considerar cuidadosamente otras cosas que, como el suelo, las paredes, el acabado de la encimera, complementarán los muebles de cocina para obtener el efecto deseado. Tampoco debe olvidarse que una cocina es, ante todo, un espacio funcional con exigencias prácticas.

Contemporánea

Un diseño de cocina de estilo contemporáneo tendrá en cuenta las modas e influencias actuales, concentrándose tanto en crear una apariencia moderna, como en incorporar iniciativas de mejora de diseño que añadirán algo a la utilidad y funcionamiento eficiente de la habitación. Además de los elementos integradōs, algunos accesorios, como los ventiladores extractores, pueden jugar un papel importante para asegurar que se cubren sus necesidades. Habrá una amplia variación de costes en esta área, y es importante obtener el mejor valor por el dinero invertido.

DERECHA: *El contraste de los tonos neutros de los elementos y la encimera con las paredes de color vivo produce una sensación confortable y añade carácter a este diseño de cocina moderna.*

Ultramoderna

A un diseño moderno se le puede añadir otra etapa para transformarlo en una cocina de aspecto futurista. Aspectos tales como el diseño de los grifos, manillas y otros accesorios, juegan un papel importante en producir este aspecto, que trata de crear una apariencia completamente personal y única. Las cocinas ultramodernas pueden caer con frecuencia en el más alto de la escala de precios, pero cada vez más fabricantes producen estos diseños para personas con presupuestos menos extravagantes.

IZQUIERDA: *El acero inoxidable y el aluminio se han convertido en las marcas distintivas del estilo futurista, con laminados y plásticos artesanales usados a menudo para complementar los acabados. La columna saliente y las sillas de estilo futurista a juego con la barra para desayunos completa el aspecto de la era espacial.*

Rústica

El aspecto rústico aporta el encanto y la sana simplicidad de la vida de campo y es siempre una elección acertada de diseño de cocina, incluso si la casa no está en un entorno especialmente rural. Algunas características como las encimeras de azulejos y los suelos embaldosados o enlosados mejorarán la sensación rústica de los elementos, proporcionando un ambiente muy hogareño en la cocina, aunque con un suelo especialmente confortable. Una sensación rústica es con frecuencia sinónimo de tiempos pasados, y para crear un efecto consecuente usted podría pensar sobre los métodos para ocultar los modernos electrodomésticos.

Clásica

El estilo de cocina clásica deriva del primer periodo de diseño de cocina integrada y que de muchas maneras es difícil de catalogar. Sin embargo, algunas características fundamentales son la simplicidad del diseño, con elementos de suelo y de pared en proporciones similares y acabados en madera natural.

ARRIBA DERECHA: *Una cocinilla con quemadores de gran tamaño acentúa la sensación rústica de esta cocina, en la que los frontales en madera del mobiliario ayudan a proporcionar una apariencia natural y elegante.*

CENTRO DERECHA: *Un diseño simple unido a la decoración de los elementos tiene como resultado una cocina muy práctica que puede además proporcionar un acabado altamente atractivo en estilo clásico.*

ABAJO: *La encimera integrada, en madera, se mezcla bien con los aparadores o la mesa de comer de pino, ayudando a integrar el aspecto de cocina modular con la solución más tradicional de muebles independientes.*

Combinación

No todas las cocinas necesitan incluir sólo elementos integrados, pues una hilera de muebles se puede complementar perfectamente con un mueble separado. En muchos casos, la combinación de elementos integrados e independientes proporciona la oportunidad de incluir sus toques personales de acabado y crear un aspecto más individual. Las cocinas abiertas, en las que el espacio no está restringido, se adaptan de la mejor manera a este aspecto.

planificación de una cocina

Una parte esencial del proceso de planificación es la preparación de un diagrama detallado de la habitación, indicando todas las dimensiones. La toma precisa de medidas será crucial en el futuro para una instalación eficaz, y resulta una buena idea el comprobar dichas medidas varias veces. Sin embargo, si está planeando una nueva vivienda puede encontrar dificultades en tener acceso a la propiedad, pues como mucho la mayoría de la gente le permitirá una o dos visitas para ayudarle en su planificación, y si esto es imposible, es mejor no confiar en las dimensiones dadas por el agente inmobiliario, ya que éstas suelen ser tan sólo aproximadas.

Medición de una habitación

El diagrama siguiente proporciona un buen ejemplo de diseño básico de una habitación. Aunque es de forma simple, se necesita tomar un número sorprendentemente elevado de medidas para una planificación precisa. Además de anotar las dimensiones físicas de la habitación, también vale la pena tomar en consideración las posiciones de los enchufes eléctricos y de las acometidas de agua y gas, que serán de importancia a la hora de decidir la disposición general de la cocina (ver también páginas 18-19).

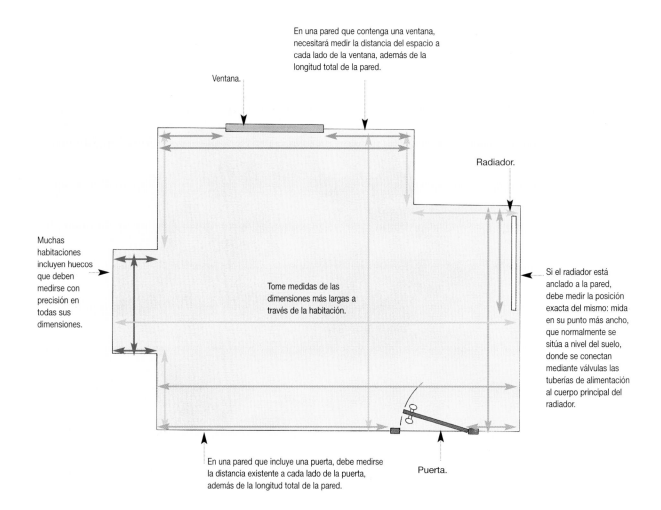

En una pared que contenga una ventana, necesitará medir la distancia del espacio a cada lado de la ventana, además de la longitud total de la pared.

Ventana.

Radiador.

Muchas habitaciones incluyen huecos que deben medirse con precisión en todas sus dimensiones.

Tome medidas de las dimensiones más largas a través de la habitación.

Si el radiador está anclado a la pared, debe medir la posición exacta del mismo: mida en su punto más ancho, que normalmente se sitúa a nivel del suelo, donde se conectan mediante válvulas las tuberías de alimentación al cuerpo principal del radiador.

En una pared que incluye una puerta, debe medirse la distancia existente a cada lado de la puerta, además de la longitud total de la pared.

Puerta.

Otras consideraciones

Además de la medida de las dimensiones es necesario realizar una lista de comprobación de otros puntos. A continuación se incluyen ejemplos de algunas de las muchas preguntas que debe uno considerar al planificar la disposición de una cocina. Esta lista no es en modo alguno exhaustiva y cada habitación presentará sus propias características específicas, que deben ser tratadas.

- ¿Cuál es la altura de la habitación? ¿Encajarán confortablemente todos los tamaños de muebles bajo el nivel del techo?
- ¿Es la habitación demasiado estrecha para alojar muebles en las paredes opuestas?
- ¿Hay vigas u otros obstáculos inamovibles que puedan impedir la colocación de las hileras de elementos de pared o de suelo?
- ¿Hay alguna barra que deba moverse para dejar sitio a los elementos de pared?
- ¿La pendiente del suelo puede crear problemas en la nivelación de los elementos?

- ¿Está hormigonado el suelo? En tal caso no podrá instalar cables o tuberías por debajo.
- ¿El suelo es de tarima? En este caso podrá tener un fácil acceso para variar el trazado de tuberías y cables.
- ¿La habitación tiene dos niveles? ¿Están unidos estos niveles por escalones?
- ¿La puerta principal de la habitación abre hacia adentro o hacia afuera?
- ¿Hay elementos atractivos como arcos u hornacinas que puedan ser incorporados al diseño de la nueva cocina?

- ¿Se ha incluido el dintel al tomar las medidas a ambos lados de la puerta?
- ¿Existen contadores (por ejemplo de gas o energía eléctrica) que deban moverse o incorporarse a los elementos?
- ¿Hay llaves de paso en la habitación?
- ¿Hay un sistema de conductos de extracción de la cocina? ¿Debe permanecer en la misma posición?
- ¿Cuál es la altura del alféizar de las ventanas? ¿Puede ocasionar problemas el ajustar bajo el mismo la encimera?
- ¿Podrá abrirse y cerrarse con facilidad la ventana si se instala una encimera frente a ella?

Tamaño de los elementos y accesorios

Los fabricantes de muebles de cocina tratan de hacer los elementos y accesorios de tamaños normalizados para facilitar el proceso de planificación. Por ejemplo, los elementos de suelo tienen a menudo anchuras en un rango de 100 cm a 30 cm. Los elementos de pared suelen ser menos profundos que los elementos de suelo, que lo normal es que estén fabricados con el mismo fondo que los electrodomésticos, como cocinas y frigoríficos, con objeto de lograr un aspecto integrado. Cuando se realice un plano a escala, use las medidas específicas del diseño elegido de elementos. Tenga igualmente en cuenta que algunos electrodomésticos han sido diseñados para ajustarse a elementos específicos y que el uso de otros puede causar problemas.

Preparación de un plano

Cuando se ponga a pasar las medidas a un diagrama a escala de la cocina, la importancia de la precisión se hará evidente por sí misma. Su planificación debe tener en cuenta todas las cuestiones y consideraciones discutidas en estas páginas, así como los puntos cubiertos en las páginas 12 y 13 al establecer la forma general de la cocina. El papel milimetrado le ayudará a realizar un buen plano del diseño de la cocina. Si da las medidas a un fabricante de cocinas, éste podrá realizar un plano más detallado, que incluirá vistas laterales. Esta etapa de la planificación debe ligarse a la tarea de escoger los muebles de cocina y los electrodomésticos, y es lo que se discute en el resto de este capítulo.

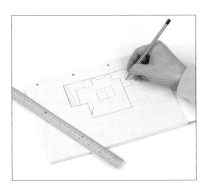

Realice un plano a escala de su cocina utilizando papel cuadriculado.

Los fabricantes pueden crear imágenes por ordenador de su diseño.

Consejos profesionales

Aunque es importante realizar mediciones precisas, el mobiliario integrado de cocinas tiene siempre ligeras tolerancias que permiten pequeños ajustes en la etapa de montaje. Por ejemplo, se suministran paneles de relleno para cubrir pequeños huecos. Al final de una hilera de elementos, en donde las dimensiones de la pared no permiten un ajuste perfecto, es mejor dejar un ligero hueco, que se puede cubrir fácilmente con un panel de relleno, que recortar un elemento que es demasiado grande para el hueco existente.

selección del mobiliario

Los elementos de cocina pueden dividirse en dos categorías básicas: elementos de suelo o bajos y elementos de pared. La mayor parte de los diseños de la disposición general de cocinas con mobiliario integrado tienen elementos de suelo y de pared como punto de partida. Encontrará, sin embargo, que existen grandes variaciones dentro de cada categoría. Por ejemplo, hay armarios altos considerados como elementos de pared, aun cuando se prolonguen hasta el suelo de la habitación como los elementos de suelo y vayan fijados a un sistema de barras de apoyo más que a la pared.

Elementos bajos

Se denominan a veces elementos de suelo; esta categoría puede subdividirse según que los elementos dispongan de cajones o no. Los que no tienen cajones se llaman a veces de línea de armario, y los que disponen de ellos de línea con cajones. Hay una considerable diversidad de diseños, incluyéndose algunos en las ilustraciones siguientes:

Armario de suelo grande.

Cajonera de suelo grande.

Botellero de suelo.

Cajonera de suelo, con tres cajones.

Cajonera de suelo pequeña.

Sección de automontaje para carrusel de suelo.

Estante de carrusel.

Elemento de carrusel de suelo.

Elementos de pared

Como indica su nombre, estos elementos se cuelgan de la pared y actúan como zonas de almacenaje a un nivel superior al de la encimera. Son normalmente de fondo algo menor que los elementos de suelo, para permitir el acceso a la zona de preparación de alimentos sobre la encimera. Los muebles de pared se suministran en numerosos estilos, formas y anchuras, para satisfacer una diversidad de necesidades de almacenaje y para tener en cuenta obstáculos como esquinas o alturas necesarias sobre los quemadores (ver página 52). A continuación se muestran algunos diseños de elementos de pared.

Armario grande de pared.

Armarito de pared sobre la placa de cocción.

Armario alto.

Armario pequeño de pared.

Elemento diagonal de esquina.

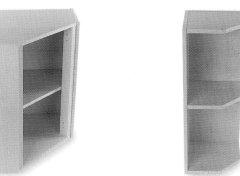
Elemento abierto de pared de extremo.

Elementos decorativos y accesorios

Además de los cuerpos (armazones básicos de los elementos), se necesitan varios elementos decorativos y accesorios para completar el aspecto del mobiliario. Principalmente los frontales de los cajones y las puertas, que proporcionan el aspecto final de la cocina. Sin embargo, se necesitan otros muchos componentes para unir los muebles y dar el aspecto integrado de una hilera.

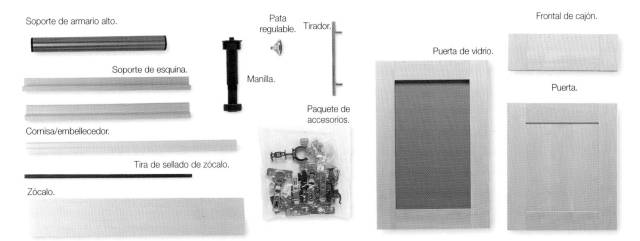

Soporte de armario alto.

Pata regulable.

Tirador.

Frontal de cajón.

Soporte de esquina.

Manilla.

Puerta de vidrio.

Puerta.

Cornisa/embellecedor.

Paquete de accesorios.

Tira de sellado de zócalo.

Zócalo.

selección de la encimera

De todas las áreas de la cocina, la encimera es sin duda la que sufre un mayor desgaste. La preparación diaria de alimentos y las frecuentes salpicaduras y limpieza desgastan su superficie. Por ello, es necesario elegir materiales que resistan una abrasión normal. Hay encimeras con acabados naturales y artificiales, aunque hay una tendencia a que estos últimos imiten a los naturales.

Las encimeras se seleccionan normalmente para que contrasten con el acabado de los muebles, de modo que proporcione una línea divisoria clara entre dos superficies diferentes. El coste de una encimera variará enormemente según el tipo de material de que esté hecha. Los laminados artificiales ocupan rango inferior en la escala de precios, mientras que las de piedra maciza o mármol son considerablemente más caras. La selección del material de la encimera estará finalmente determinada por el presupuesto disponible, pero es bueno recordar que una encimera más barata se desgastará con mayor rapidez, originando a largo plazo un gasto superior cuando necesite sustituirla.

Encimeras en laminado

Este tipo de encimeras se fabrica ordinariamente con una base de aglomerado que lleva una capa de plástico laminado pegada al tablero para presentar un acabado apropiado.

Son bastante duraderas y fáciles de limpiar. Los colores y diseños son muy variados y sus precios muy moderados hacen que sean muy populares.

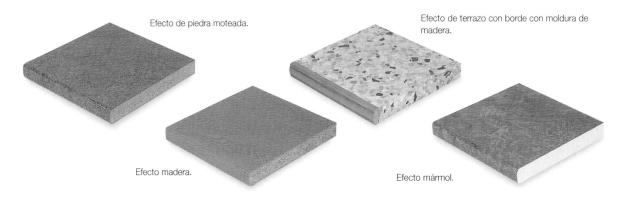

Efecto de piedra moteada.

Efecto de terrazo con borde con moldura de madera.

Efecto madera.

Efecto mármol.

Encimeras de madera

Estas encimeras son las que mejor armonizan con las cocinas modulares y están más de moda que nunca.
Su coste variará con el tipo de madera empleada, pero normalmente es posible escoger una encimera de madera incluso con el más pequeño de los presupuestos. Aunque este tipo de encimera se define generalmente como de madera maciza, muchas están fabricadas con tiras o listones pegados entre sí que tienen una apariencia similar a la madera compacta.

Cerezo.

Roble claro.

Roble oscuro.

Listones de haya.

Encimeras en piedra artificial

Estas encimeras se fabrican con una mezcla de productos minerales y materiales acrílicos. Ofrecen un acabado muy resistente y al mismo tiempo su aspecto sugiere un acabado de piedra natural. Sin embargo, mientras que las encimeras de productos laminados y de madera se suministran en longitudes estándar, las de piedra artificial hay que encargarlas al fabricante en las medidas deseadas para que éste las elabore de forma que se ajusten perfectamente a los huecos disponibles.

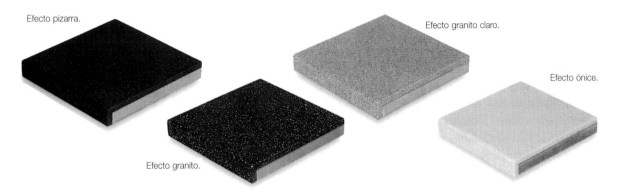

Efecto pizarra.

Efecto granito claro.

Efecto ónice.

Efecto granito.

Encimeras en piedra natural

Evidentemente estas encimeras ofrecen en la mayoría de los casos las mejores cualidades de resistencia al rayado, aunque su durabilidad se suele reflejar en su precio alto, por lo que la elección de las encimeras en piedra natural queda a menudo fuera de presupuesto. Este tipo de superficies armoniza perfectamente con cualquier estilo de cocina, desde el rústico al ultramoderno minimalista. Al igual que las encimeras en piedra artificial, hay que encargarlas a medida y colocarlas resulta bastante difícil, por lo que conviene dejar este trabajo en manos de un profesional.

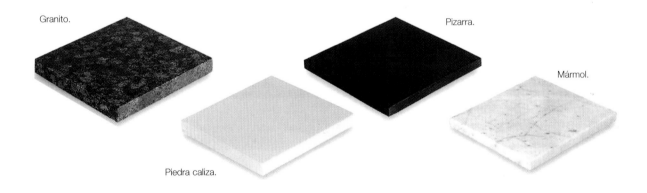

Granito.

Pizarra.

Mármol.

Piedra caliza.

USO DE AZULEJOS

Una posibilidad para conseguir una encimera sólida es hacerla con azulejos. Al escoger éstos, conviene asegurarse de que el fabricante los recomienda para usarlos en una encimera. A la derecha vemos algunos ejemplos de azulejos para encimeras. Para más instrucciones sobre cómo hacer una encimera de azulejos ver páginas 106-107.

Mosaico de azulejo pequeño.

Azulejo vidriado artesanal.

Azulejo vidriado industrial.

Azulejo estándar para encimera.

selección de aparatos y accesorios

Un diseño atractivo de cocina sólo es de uso práctico si los aparatos y accesorios se han seleccionado cuidadosamente para enfrentarse a las necesidades de cada día. La mayoría de los fabricantes le dirigirán hacia aparatos en que se garantice la compatibilidad con el diseño de sus elementos, en términos de procedimiento de montaje. En el caso de frigoríficos y cocinas independientes esto no es tan importante, pero si los aparatos deben integrarse en una hilera de muebles, debe asegurarse de que las dimensiones encajen.

Aparatos de lavado

Todas las cocinas deben disponer de fregadero, aunque no todas tienen por qué incluir lavavajillas o lavadora. Los fregaderos de acero inoxidable, lisos y de fácil limpieza, constituyen hoy en día una elección generalizada, aunque el aspecto tradicional de los fregaderos tipo Belfast es también popular para ciertos estilos de cocina. En la mayoría de los diseños de fregadero, se puede incorporar como un accesorio extra un elemento de eliminación de residuos. Los primeros lavavajillas solían ser independientes, pero actualmente la mayoría de los electrodomésticos se integran, de modo que no se estropee el aspecto modular.

Lavavajillas integrado.

Fregadero de acero inoxidable, con cuenco central y escurridor.

Fregadero tipo Belfast.

Grifos y conexiones

Los fregaderos no se suelen suministrar provistos de grifos –éstos se escogen de forma separada– y el número de estilos es amplio. El aspecto práctico más importante al realizar la selección es el asegurarse de que el número de entradas de grifo corresponde al número de agujeros pretaladrados en el fregadero. Si éste es de tipo Belfast, esto no suele constituir un problema, ya que los grifos suelen acoplarse a la encimera. No obstante, en elementos premoldeados conviene estar seguro de que los grifos son compatibles. También necesitará conectores para unir los grifos a la red de agua. Los conectores flexibles de grifos son los ideales, pero, una vez más, compruebe la compatibilidad con los grifos y la disposición de tuberías.

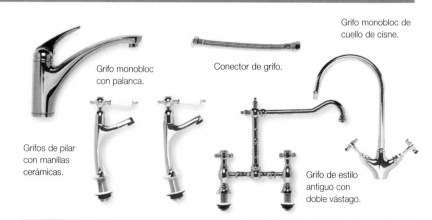

Grifo monobloc de cuello de cisne.

Grifo monobloc con palanca.

Conector de grifo.

Grifos de pilar con manillas cerámicas.

Grifo de estilo antiguo con doble vástago.

ABLANDADORES DE AGUA

El tipo de suministro de agua a la casa es un área de preocupación entre muchos propietarios. Si sabe que el agua suministrada es dura, conviene planificar en las primeras etapas del diseño la instalación de un ablandador, que ayudará a prevenir la deposición de incrustaciones calcáreas.

Aparatos de cocina

El número y tamaño de aparatos para cocinar que usted escoja para instalar en su cocina dependerá de factores tales como el tamaño de su familia, hábitos generales de comida y de cuánto esté usted interesado en cocinar como un hobby. Al igual que en los aparatos de lavado, hay diversas elecciones entre opciones de cocinas independientes o integradas. Las placas o quemadores integrados se instalan normalmente en la encimera, y los hornos integrados se montan bien en muebles hechos para este propósito, bien introducidos en huecos dejados al efecto en la hilera de muebles.

Chimenea y campana (ventilador de extracción).

Quemadores de gas integrados.

Horno integrado.

Placa integrada de fuegos eléctricos.

Horno microondas.

Almacenamiento frigorífico

Aunque es posible encajar frigoríficos y congeladores en una fila de muebles de cocina, los modelos independientes son de uso más corriente. Esto puede deberse a cuestiones prácticas del almacenaje, ya que los frigoríficos integrados bajo la encimera suelen ser pequeños.

Frigorífico/congelador independiente.

Áreas de reciclado

Los aspectos ambientales no han sido nunca tan importantes y el reciclado se ha convertido en algo cotidiano en cada vez más hogares. Para facilitar el reciclado, los fabricantes producen actualmente cajones y cubos especiales que pueden integrarse en elementos de cocina para proporcionar un área preparada para el reciclaje. ¡No hay excusa para no hacer su pequeña parte!

El cubo de reciclado encaja perfectamente en un mueble estándar y es accesible automáticamente cuando se abre la puerta. Está dividido en dos secciones para facilitar la separación de materiales.

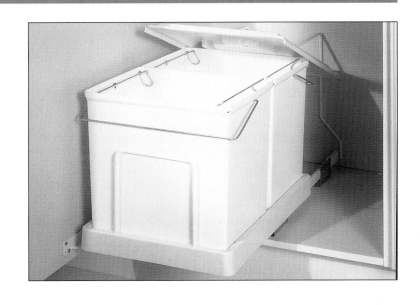

áreas de comida

Cuando planifique la disposición de su cocina, un aspecto crucial es si incluye en el diseño un área para comer. El espacio es obviamente el factor determinante, pero encontrará que hoy en día la mayoría de las cocinas incluyen de algún modo un área para comer. Con nuestro ocupado estilo de vida moderno, no es raro hacer un desayuno apresurado, tragar un almuerzo rápido y cenar delante de la televisión. Una zona de comidas pequeña en la cocina puede animar a la gente a disfrutar, aunque sea brevemente, de una comida sentados, precisamente porque ofrece un ambiente mucho más informal que un comedor para hacer las comidas.

Mesa de comer

La combinación de la cocina con el área de comer puede ser una necesidad, si no hay en su hogar espacio suficiente para tener un comedor independiente. Sin embargo, hay otras muchas razones para disponer de un área de comer en la cocina: puede liberar el comedor para otros usos, servir la comida puede resultar una tarea más fácil, o bien un diseño abierto puede crear una atmósfera más social que tener habitaciones divididas, más pequeñas. Los fabricantes han desarrollado numerosas opciones para ahorrar espacio, que hacen posible disponer de un área de comida en la cocina, aunque ésta sea pequeña.

DERECHA: *Este diseño de cajón ha sido modificado para proporcionar una superficie de comidas extraíble, ideal para cocinas con espacio limitado.*

ABAJO: *Esta cocina contemporánea incluye una barra para desayunos independiente, que se puede usar igualmente en comidas y cenas.*

En muchos diseños de cocina modular, la encimera puede regularse o ampliarse para proporcionar un área multiuso, tanto para la preparación de los alimentos como para efectuar las comidas. A veces denominadas barras para desayunos, estas áreas son cada vez más usadas en las cocinas modernas. Frecuentemente la barra se monta a la altura de la encimera, pero ésta puede regularse para disponer de una superficie a menor altura, más práctica para comer.

DERECHA: *Aunque a menor altura que el resto de la encimera, la superficie de esta barra para desayuno también puede utilizarse para la elaboración de los alimentos.*

ABAJO: *Cortada en forma curva, esta encimera ha sido ampliada hacia el exterior para crear una zona de comer muy accesible, sustentada sobre un larguero metálico.*

La continuación de un saliente es otra forma de utilización de la encimera para crear un área para comer. Bajar la barra crea la ilusión de una mesa de comer normal, pero su proximidad a la zona principal de la encimera facilita su uso en la preparación de alimentos y en otras actividades propias de la encimera.

Otra opción para proporcionar una barra para desayuno es incorporar ésta a un elemento en isla. Uno de los lados del mueble puede usarse para acceder a una zona de almacenaje, en tanto que la parte sobresaliente del otro lado resulta una zona ideal para comer.

ABAJO: *Una pieza de encimera de forma especial y gran tamaño se ha unido a un elemento en isla, de modo que queda ubicada en la zona opuesta a la zona principal de cocinar, creando una barra para desayuno muy elegante.*

OPCIONES DE BARRA PARA DESAYUNAR

- **Dimensiones:** El ancho de la mayor parte de las barras para desayuno suele ser mayor que las dimensiones estándar de encimera para permitir que la gente se siente confortablemente a comer. Tenga en cuenta esta diferencia de tamaños al realizar sus pedidos.

- **Barras abatibles:** En cocinas especialmente pequeñas, en las que el espacio es una necesidad, pueden instalarse barras que se puedan guardar cuando estén fuera de uso. La barra se eleva plegándola contra la pared, quedando a paño con esta superficie.

- **Muebles extra:** Recuerde que una barra de desayunos requerirá sitio para sentarse. Las banquetas son ideales para barras a la altura de la encimera, y muchos fabricantes ofrecen diseños que se complementan perfectamente con el acabado de la cocina modular elegida.

orden del trabajo

La realización de cualquier proyecto de mejora en la casa requiere un orden sensato de trabajo, de modo que las diferentes tareas puedan completarse de la forma más rápida y eficaz posible, pero siempre con niveles de calidad altos. La cocina es una pieza de uso cotidiano muy frecuente, y por ello es aún de mayor importancia el planificar los trabajos de modo que se causen las menores molestias posibles. Deben considerarse varios factores para asegurar un desarrollo durante el proceso de renovación.

Preparación del presupuesto

La compra de elementos de cocina nuevos puede ser fácil de presupuestar, dado que el fabricante puede proporcionar un precio cerrado. No obstante, por encima de este coste básico deben considerarse todos los extras que se exponen a continuación, que pueden aumentar su presupuesto significativamente:

* Contratación de profesionales (por ejemplo, para la conexión y desconexión de agua, gas y electricidad).
* Redecoración de la habitación.
* Colocación de nuevo material de suelo.
* Trabajos estructurales a emprender en grandes renovaciones (por ejemplo, un cambio de posición de paredes, o unión de dos habitaciones para crear una cocina-comedor abierta).
* Encargo de los planos de arquitectura, si se realizan trabajos sustanciales de construcción que conlleven cambios estructurales.
* Añada un 10-15 por 100 por encima de su cifra final para tener en cuenta cualquier cambio no previsto o hacer frente a problemas que puedan aparecer tras el inicio de los trabajos.

Programación del trabajo

De principio a fin, la instalación de una cocina puede durar más de lo que usted había pensado. Sin embargo, siempre que no se corte por un periodo prolongado el suministro de agua y los aparatos de cocinar se cambien en un día, la cocina podrá utilizarse en las tareas esenciales, de modo que el funcionamiento del hogar se mantenga durante ese periodo de incomodidades. A efectos de planificación, es importante tener una buena idea de la escala de tiempos de todo el proyecto de renovación de la cocina. Los factores siguientes deben ser considerados al establecer una programación de los trabajos:

* Los fabricantes no podrán suministrarle sus muebles y accesorios el día siguiente a su pedido. En grandes proyectos en los que se acometa la instalación de una cocina completa, es poco probable que el plazo de entrega sea inferior a cuatro semanas.
* La mayor parte de los fabricantes le darán una indicación aproximada del tiempo de montaje necesario, pero conviene añadir siempre algunos días, para tener en cuenta posibles problemas.
* Tras la entrega, la mayoría de las nuevas cocinas se pueden instalar en una semana, pero el plazo real dependerá en gran medida del tamaño y la complicación de la disposición de la cocina.
* Planifique dos o tres días de preparación, previos a la entrega (más si se requiere trabajo de construcción).
* Planifique una semana después de la instalación para la colocación del suelo y la decoración general.
  (Aclaración del traductor: Si hay que colocar suelos de baldosa cerámica, esta operación deberá ir antes del montaje y ensamblado de los elementos de cocina.)
* A los profesionales de los oficios se les llamará según el programa; es probable que el fontanero y el electricista deban realizar dos visitas: una para realizar la desconexión de cables o tuberías de la vieja cocina (para ello, se deberá haber realizado un trabajo previo de establecimiento de los nuevos trazados de las alimentaciones) y otra para conectar el suministro a la finalización de la instalación. Coordine los tiempos de sus tareas para encargar los trabajos de los profesionales con la antelación suficiente al momento en que los necesite.
* La eliminación de residuos es un trabajo que se infravalora con frecuencia, pero que debe tenerse en cuenta en la programación. Por ejemplo, probablemente necesitará alquilar un contenedor para evacuar los trozos y piezas de la cocina vieja; igualmente deberá deshacerse de los embalajes de los elementos de la nueva cocina.

Tratar con los profesionales

Debe tomar decisiones sobre el alcance de los trabajos que usted pretende hacer por sí mismo y sobre las áreas en que puede convenir la ayuda de un profesional. En un momento dado es probable que necesite ponerse en contacto con fontaneros y electricistas para tareas específicas. Tenga en mente los consejos siguientes cuando contrate profesionales y negocie un precio para el trabajo:

- Cuando elija a un profesional de un oficio, hágalo porque tenga alguna recomendación personal. La búsqueda en los anuncios clasificados es una receta segura para el desastre y debería evitarse.
- La cifra del coste del trabajo a realizar no debe cambiar, salvo que usted modifique sus especificaciones.
- Obtenga un precio, no una estimación. Se debe mirar con precaución a los profesionales que dan estimaciones, ya que la vaguedad de este término puede permitir que se dispare la factura al final del trabajo. El término precio establecido inicialmente proporciona un acuerdo común de que se trata de la cifra final a pagar.
- No ofrezca el pago por adelantado, ya que puede llevar a que el profesional desatienda el proyecto. El pago a la finalización de los trabajos puede ser un incentivo a permanecer en el sitio.
- Sin embargo, si hay que comprar materiales caros, es aceptable que el profesional espere que estos costes se abonen antes de la instalación.
- Como se ha indicado anteriormente, para desconectar la vieja cocina y volver a conectar la nueva se necesitarán profesionales; cuando concierten el precio deje claro que se requerirán dos visitas.
- Cuando contrate a un profesional, trate de obtener todo el consejo posible sobre los trabajos preparatorios previos, para que su trabajo sea lo más efectivo cuando lleguen.

Tratar con fabricantes

Los fabricantes sólo están relacionados con un proyecto de renovación de cocina en fases anteriores a la de instalación, durante el diseño o la selección del estilo decorativo, aunque a veces pueden contratarse para el montaje de la cocina. Cuando trate con un fabricante para finalizar el diseño de su cocina, negociar un precio u organizar las entregas, considere los aspectos siguientes:

- Asegúrese desde el inicio de que los aparatos y accesorios elegidos encajan en su diseño.
- Tal como se ha discutido en las páginas 24-25, es necesario hacer una medición precisa, para poder obtener, para su uso y el del fabricante, un plano detallado sobre el que poder decidir la disposición y el aspecto final de su nueva cocina.
- Los representantes de ventas están generalmente bien cualificados y prestan un buen servicio, pero recuerde verificar que no hay extras escondidos en la especificación de una cocina, y que el precio dado incluye todos los componentes necesarios. Por ejemplo, verifique que los zócalos, cornisas y paneles laterales están incluidos en el precio y que los tiradores de puertas y cajones no son un extra.
- Muchos fabricantes le tentarán con ofertas, proporcionándole artículos gratis en función del dinero que gaste. Esto puede obviamente ser una ventaja; sin embargo, compruebe que el precio inicial de los elementos no ha sido inflado artificialmente para tener en cuenta estos "regalos" y asegúrese de que dichos artículos corresponden a las especificaciones correctas para sus necesidades.
- Si usted contrata al fabricante para la instalación de la cocina completa, le darán un precio en el momento en que realiza el pedido de la cocina. Este precio es, normalmente, competitivo, ya que forma parte de un paquete completo. Sin embargo, no está de más pedir otra oferta con sus especificaciones a un contratista independiente para poder compararla con la del fabricante.
- Una vez alcanzado un acuerdo, confirme la fecha de entrega. Es posible que compre una cocina que no está en almacén, y eso conllevaría un plazo mayor entre la compra y la entrega de los elementos y accesorios.
- Cuando le entreguen los elementos y accesorios se sorprenderá de la cantidad de piezas suministradas para una cocina integrada. Verifique varias veces la entrega, para asegurarse de que ha llegado todo y, lo más importante, que no hay piezas dañadas, para poder comunicarlo inmediatamente al fabricante.

herramientas y materiales

En los trabajos de bricolaje es indispensable disponer de un juego de herramientas básico. Deberá incluir las herramientas específicas y de construcción en general apropiadas para el número de tareas previsibles en la casa. En el caso concreto del trabajo en cocinas, este conjunto de herramientas debe incluir artículos directamente relacionados con el entorno de la cocina. También tendrá que adquirir algunos materiales de construcción.

Herramientas de carácter general

Cuando reúna un conjunto de herramientas para la casa, necesitará en primer lugar una serie de destornilladores, martillos y sierras. Hay otras herramientas menos conocidas, pero igualmente esenciales. Las herramientas mostradas en esta sección son una buena base para cualquier juego de herramientas de la casa.

Martillo de uña.

Lezna.

Punzón.

Detector de tuberías, viguetas y cables.

Destornilladores planos.

Destornilladores de estrella.

Camisas aislantes.

Mazo.

Escoplo con protección.

Alicates universales.

Alicate de corte lateral.

Alicate de puntas.

Lima de media caña.

Escoplos de uso general.

Taladro sin cable.

Nivel.

Cinta métrica.

Lapiz de carpintero.

Dispensador de sellador.

Escalera.

Mordaza.

Escuadra.

Sierra de metales.

Serrucho.

Paleta.

Cubo de plástico.

Cuchillo o cúter.

Banco de trabajo.

Sierra de ingletes.

Herramientas eléctricas

Además del taladro sin cables, que es una parte esencial de cualquier juego de herramientas, hay otras herramientas eléctricas de uso cada vez más frecuente, debido al ahorro de tiempo que supone su utilización y a que su precio resulta mucho más competitivo que en el pasado. Conviene por ello considerar el hacerse con un buen juego de herramientas eléctricas, especialmente si planea hacer algo más que algún trabajillo ocasional en la mejora de la casa.

Taladro potente.

Sierra de calar.

Desbastadora.

Lijadora.

ALQUILER DE HERRAMIENTAS

Algunas tareas específicas pueden necesitar el uso de herramientas industriales muy caras; alquilarlas es generalmente la mejor solución. Esta área es un sector creciente del mercado, y cada vez hay más tiendas para proporcionar herramientas de alquiler tanto a los entusiastas del bricolaje, como a los profesionales de siempre.

Herramientas de fontanería

A menudo son necesarios trabajos de ajuste de las tuberías al realizar los trabajos de instalación de una cocina nueva. Por ello, pueden hacer falta algunas herramientas básicas de fontanería para realizar esas modificaciones. Las indicadas a continuación constituyen una buena base para un conjunto de herramientas de fontanería, pero emprenda estos trabajos solamente si está seguro del procedimiento a seguir, y ante cualquier duda pida consejo a un profesional.

Llaves inglesas.

Taladro manual.

Manta de soldadura.

Cortatubos.

Sierra de agujero.

Soldador de gas.

Llave grifa.

Bomba hidráulica.

Alicates de pivote deslizante.

Muelle de curvado de tubos.

Materiales

Además de disponer de herramientas de uso general, conviene igualmente tener acceso a diversos materiales que suelen ser necesarios en los trabajos de mejora y renovación de cocinas. Algunos de los artículos mostrados a continuación son de uso más específico en fontanería, en tanto que otros son de uso mucho más amplio en diversas áreas de trabajo relacionadas con las cocinas.

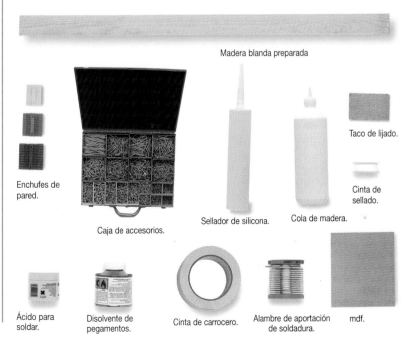

Madera blanda preparada

Taco de lijado.

Cinta de sellado.

Enchufes de pared.

Caja de accesorios.

Sellador de silicona.

Cola de madera.

Ácido para soldar.

Disolvente de pegamentos.

Cinta de carrocero.

Alambre de aportación de soldadura.

mdf.

elementos integrados de cocina

En mayor o menor medida la mayoría de las cocinas modernas se basan en el diseño de cocinas integradas que permiten el mejor uso del espacio disponible, siendo al mismo tiempo un complemento atractivo y funcional de la habitación en su conjunto. Este capítulo muestra las técnicas usadas en la construcción y combinación de los elementos para conseguir una cocina integrada. Siempre hay pequeñas diferencias entre los distintos fabricantes en el diseño de los elementos; esto significa que se necesitarán pequeñas diferencias técnicas, de acuerdo con las necesidades particulares. Sin embargo, este capítulo ayuda a mostrar que la mayor parte de los principios generales son comunes, independientemente de las variaciones de los fabricantes. Para aquellos casos en los que el diseño de los elementos exige un cambio de técnica se explican igualmente las principales técnicas disponibles.

Esta cocina de estilo fue construida uniendo los cuerpos, colocando la encimera y montando los frontales y acabados.

preparación de la cocina 𝄪

Antes de la instalación de una nueva cocina, es necesario quitar todos los elementos viejos y desconectar, según se requiera, todas las alimentaciones. El alcance del trabajo puede variar, pero el caso más general es que se necesitará desmantelar varios elementos, y casi en todas las circunstancias la acometida de agua debe ser cortada.

Agua y desagües

Todas las cocinas tienen un suministro de agua al fregadero, si bien éste suele dividirse para alimentar de agua el lavavajillas y/o la lavadora. Antes de iniciar ningún trabajo se debe aislar y cortar el suministro de la red a estos aparatos. Puede ser necesario cerrar las llaves de paso de la acometida principal, que suelen estar en un lugar cercano a la conexión de agua a la vivienda, o debajo del sumidero de la cocina, aunque éste no es siempre el caso. Es importante conocer la situación de las llaves de paso, tanto para la renovación de la cocina como en caso de emergencia. Simplemente, cierre la llave para cortar el suministro de agua.

Consejo de seguridad

Si tiene alguna duda sobre cómo emprender un trabajo sobre un suministro de agua, pida el consejo de un profesional.

Herramientas para el trabajo

Destornillador plano

Alicates de pivote deslizante

Sierra de metales o cortatubos

Sierra de calar

Llave grifa

Llave inglesa ajustable

1 En las cocinas modernas suele instalarse una pequeña llave de paso o válvula de aislamiento a la entrada de los aparatos. Pueden ir dotadas de manilla o accionarse con un destornillador plano. Una vez cerrada la válvula, debe abrirse el grifo para vaciar el agua acumulada entre el grifo y la válvula de aislamiento.

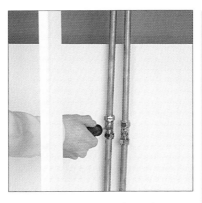

2 Desconectar la tubería de desagüe del fregadero. Las conexiones se desenroscarán, sencillamente, a mano. Puede necesitar el uso de alicates de pivote deslizante.

3 Use una sierra de metales o un cortatubos para cortar la tubería de suministro de agua, a ser posible en un punto situado bien por encima de las válvulas de aislamiento.

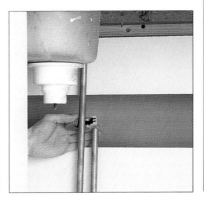

4 Las tuberías de suministro de agua están a veces integradas en un elemento de mueble de cocina. Tenga cuidado de no dañar las tuberías al retirar el elemento antiguo. Primero extraiga el frontal del elemento, cortando con una sierra de calar, y deje la parte trasera hasta el final. Esto le permitirá un acceso más fácil cuando corte la sección por la que penetran las tuberías.

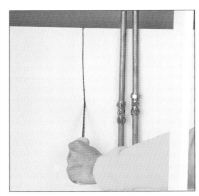

5 Instale un grifo temporal en la conexión a la red, con ayuda de una llave grifa y llaves inglesas.

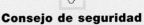

Consejo de seguridad

No realice nunca trabajos en las tuberías de suministro de gas o en los electrodomésticos. Utilice a alguien cualificado para asegurar que los accesorios son seguros. Del mismo modo utilice el consejo de un profesional cuando se trate del suministro eléctrico.

Desmontaje de los elementos antiguos

La retirada de elementos de cocina es una tarea fácil y directa, siempre que se hayan adoptado las precauciones necesarias y se hayan aislado todos los suministros previamente. La mayoría de los elementos están ensamblados mediante un sistema sencillo roscado y diversos diseños de tacos de unión. Deshaciendo las uniones, los elementos pueden descomponerse en secciones más pequeñas, haciendo más fácil su retirada. El proceso de retirada de los elementos de cocina existentes suele producir una cantidad apreciable de residuos, quizá demasiado grande para ser eliminada junto con la basura doméstica. En vez de hacer varios viajes al vertedero local autorizado, puede pensar en el alquiler de un contenedor para evacuar los residuos.

Herramientas para el trabajo

Taladro sin cable
Destornillador plano
Destornillador de estrella
Mazo
Escoplo con protección
Equipo de protección

1 Deberá primero separar la encimera de los muebles. La mayor parte de las encimeras están fijadas a los muebles mediante uniones atornilladas por su parte inferior, tanto en la zona cercana a los frontales como a la parte posterior. Simplemente, desatornille estas uniones y retire la encimera.

2 Los diversos elementos suelen estar unidos entre sí mediante tornillos situados cerca de la parte frontal, con las uniones escondidas por pequeñas tapas de plástico, con fines estéticos. Quite esas tapas con la ayuda de un destornillador plano.

3 Una vez quitadas estas tapas, los tornillos pueden sacarse de la forma habitual.

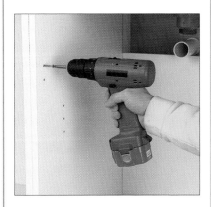

4 Probablemente también deba quitar los azulejos existentes en las paredes. Use un mazo pequeño y un escoplo con protección para quitar a golpes los azulejos viejos (ver páginas 118-119, sobre cómo quitar los azulejos).

Consejo de seguridad

Cuando use el mazo y el escoplo con protección use gafas de seguridad para proteger sus ojos de cualquier trocito o astilla que pudiera saltar. Conviene también protegerse con guantes.

PREPARACIÓN GENERAL

Una vez que se han retirado totalmente los muebles viejos, estará en una buena posición para determinar el alcance de las mejoras necesarias, antes de ensamblar la nueva cocina. Las principales áreas a considerar son:

• **Empapelado:** Arranque todo el papel de empapelar, con un arrancador a vapor, si es posible, o con ayuda de una rasqueta tras enjabonarlo. Un arrancador a vapor también es útil para quitar cualquier adhesivo endurecido de los azulejos que haya podido quedar en las paredes, tras quitar éstos.

• **Enlucido:** El incómodo trabajo de preparar el enlucido debe ser realizado en esta etapa. Recuerde que en algunas zonas no será necesario un nuevo enlucido: debajo del nivel de la encimera. Las paredes quedarán ocultas por los muebles.

• **Solado:** El suelo antiguo también puede tener que ser quitado en esta etapa, de modo que el nuevo suelo pueda ser colocado, una vez que la cocina ha sido instalada.

Consejos profesionales

Avance en la preparación de paredes y superficies cuanto sea posible, antes de la instalación de la nueva cocina. De este modo, las tareas sucias habrán sido realizadas, reduciéndose así el riesgo de dañar el nuevo mobiliario. Las cocinas suelen ser habitaciones de decoración delicada; puede ser conveniente la aplicación de la primera capa de color de paredes y techo antes de la instalación de los nuevos muebles, dejando tan sólo la última mano de acabado para después de la instalación de la cocina, ahorrando además tiempo.

trabajos eléctricos y fontanería ⁄⁄⁄⁄

Los trabajos a gran escala de fontanería y electricidad son tarea de profesionales; de cualquier modo, hay que planificar adecuadamente la localización de estos servicios. Un trabajo de gran alcance obviamente incrementará los costes, por ello trate en lo posible de no mover la localización anterior de estos servicios. Dicho esto, no hay nada peor que una nueva cocina integrada con una mala iluminación o los enchufes situados de forma poco práctica. Por ello es mejor no comprometer un diseño eficiente por limitar el alcance de los trabajos.

Planificación de nuevos servicios

La figura siguiente muestra un ejemplo de diseño de una cocina de tamaño medio y se centra en las áreas de mayor atención a la hora de definir las nuevas acometidas y servicios. Necesita pensar cuidadosamente dónde colocará los puntos de luz y dónde necesitará enchufes. La mayor parte de los puntos indicados pueden ser válidos para cualquier tipo de cocina integrada.

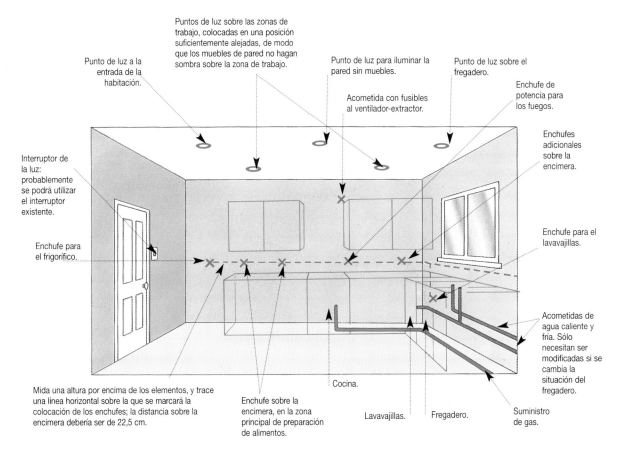

Puntos de luz sobre las zonas de trabajo, colocadas en una posición suficientemente alejadas, de modo que los muebles de pared no hagan sombra sobre la zona de trabajo.

Punto de luz a la entrada de la habitación.

Punto de luz para iluminar la pared sin muebles.

Punto de luz sobre el fregadero.

Acometida con fusibles al ventilador-extractor.

Enchufe de potencia para los fuegos.

Enchufes adicionales sobre la encimera.

Interruptor de la luz: probablemente se podrá utilizar el interruptor existente.

Enchufe para el lavavajillas.

Enchufe para el frigorífico.

Mida una altura por encima de los elementos, y trace una línea horizontal sobre la que se marcará la colocación de los enchufes; la distancia sobre la encimera debería ser de 22,5 cm.

Enchufe sobre la encimera, en la zona principal de preparación de alimentos.

Cocina.

Lavavajillas.

Fregadero.

Suministro de gas.

Acometidas de agua caliente y fría. Sólo necesitan ser modificadas si se cambia la situación del fregadero.

Suministro eléctrico

Es fácil guiar los cables a través de las zonas vacías de paredes huecas, pero tendrá que hacer rozas en paredes macizas.

✋

Consejo de seguridad

Busque siempre consejo profesional cuando se trate de suministros de gas y/o de electricidad.

Herramientas para el trabajo

Lápiz y cinta métrica

Equipos de seguridad

Taladro eléctrico

Escoplo con protección

1 Trace a lápiz sobre la pared el recorrido previsto de los cables. Use un mazo y un escoplo con protección para cortar el enlucido, hasta los

ladrillos de debajo. Taladre agujeros por debajo de cada línea, con un taladro eléctrico, para facilitar el proceso. Quite el material hasta una profundidad aproximada de 2,5 cm. Utilice guantes y gafas de seguridad para protegerse de los escombros que puedan saltar.

2 Coloque el cable en la roza realizada, asegurándose que asienta bien, quedando bajo el nivel de la superficie.

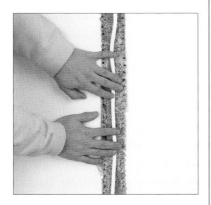

3 Antes de enlucir, cubrir el cable con un cuadradillo de plástico resistente para protegerlo de daños. Es posible el tendido de cables en canalizaciones y conductos sobre la pared. Usted puede combinar ambas técnicas, de modo que tan sólo las superficies de pared vistas tengan los cables empotrados.

OPCIONES SOBRE CABLEADO

Para conseguir dar a la cocina un acabado perfecto, es mejor ocultar los cables bajo la pared; sin embargo, también se pueden dejar cables que vayan por canalizaciones o conductos sujetos a la superficie de la pared. Igualmente, se puede hacer una combinación de las dos técnicas, de forma que sólo los cables de las zonas visibles vayan empotrados bajo la pared.

La fontanería de las tuberías de aportación y de desagüe varía considerablemente en función del tamaño y métodos de conexión utilizados. El uso de la tubería de cobre es muy corriente en el suministro de agua, pero también pueden encontrarse otros materiales, como el polibutileno. Las tuberías de desagüe suelen ser de pvc, con diámetros que varían con las necesidades específicas.

Uniones a presión

Éstas se usan para unir dos tramos de tubería de cobre. La unión se hace con un accesorio roscado, que se aprieta sobre cada tramo de tubería usando llaves fijas, y dando vueltas a las tuercas del accesorio de unión en sentido contrario, en cada lado. Dentro de cada tuerca hay una junta cónica que se aprieta contra el cobre, formando un sellado estanco. Las juntas a presión nos son especialmente atractivas, pero su localización en las cocinas suele hallarse oculta a la vista, por lo que proporcionan una técnica fácil para la conexión de tuberías de suministro.

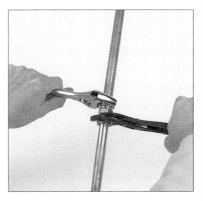

Uniones soldadas

Hay otro método más limpio para hacer uniones en cobre. Los accesorios de unión, rectos, en codo o de T, permiten cambiar la dirección del suministro o extender la tubería. Hay dos tipos de unión soldada: unas que requieren la aportación de material de soldadura al efectuarse la unión, y otras con anillo integral que ya tienen en su interior el material de soldadura, que será

activado por el calor. Este último es más fácil de usar, aunque más caro.
En cualquier caso, los extremos de la tubería que se unen deben estar totalmente limpios. Igualmente, debe añadirse ácido de soldadura (flux) en dichos extremos para facilitar el proceso. En este caso, se utiliza una unión de anillo integral, en la que el calor del soldador a gas se aplica a la unión, de modo que el material situado en el interior funda contra la tubería y se forme el sello estanco. Tenga mucha precaución al usar soldadores a gas, ya que su uso conlleva un riesgo de incendio no despreciable, y use una manta a prueba de llama.

Uniones de empuje

Éstas se usan para unir tuberías de desagüe de plástico y ofrecen un sistema de conexión muy sencillo, comparado con el método de soldadura con disolventes de plástico. Conviene recordar que, en las cocinas, la mayor parte de las tuberías de plástico que se conectan bajo el fregadero pueden ser conectadas usando esta técnica, o bien llevan uniones roscadas, lo que hace aún más sencillo el proceso de conexión.

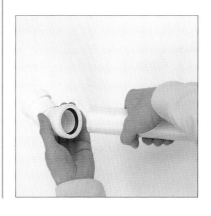

elementos de paquete plano ↗

Se denominan así los elementos que requieren un montaje previo a ser instalados. Los métodos de construcción variarán ligeramente según los fabricantes y los diferentes tipos de mueble, pero los principios generales de montaje se mantienen constantes. Este capítulo muestra cómo construir un elemento de suelo de gran tamaño y descubre casi todas las técnicas que probablemente usted encuentre.

Puede haber un número sorprendente de componentes en un kit. Conviene extender todas las partes y paneles del mueble, y entonces revise el paquete de accesorios para asegurarse de que dispone del número correcto de componentes y de que el tipo y cantidad de accesorios de unión es correcto.

Herramientas para el trabajo

Destornillador plano

Destornillador de estrella

Taladro sin cable

Martillo

👍

Consejos profesionales

Puede ser conveniente hacer uno o dos ensayos colocando las partes del elemento juntas sin realizar las uniones. Esto ayudará a entender cómo cada componente se relaciona con los otros, una vez que se monte el elemento. Verifique siempre que cada parte se coloca en la posición correcta.

1 Muchos elementos en kit se montan mediante un sistema de espárragos y tornillos con levas sobre agujeros pretaladrados. Esto proporciona una conexión eficaz, ya que los agujeros se

taladran en fábrica con mucha precisión. Coloque los espárragos de acuerdo con las instrucciones y atorníllelos a mano en los agujeros pretaladrados. Algunos espárragos pueden necesitar unas cuantas vueltas de destornillador para que queden asegurados.

2 Fije los carriles del cajón en los paneles laterales del elemento siguiendo las marcas de posición. Elija los tornillos correctos para los carriles: si son demasiado largos, se arriesga a atravesar el panel dañando la superficie exterior.

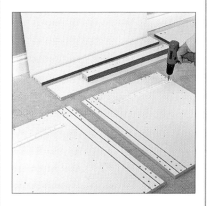

3 Coloque los tacos roscados de plástico en los agujeros precortados de la sección de la base y

en los extremos de las secciones que se conectan. Simplemente empuje estos tacos; logrará una unión muy fuerte al finalizar el montaje del elemento. Algunos fabricantes utilizan tacos de madera que requerirán ser encolados (ver cajones en el punto 10).

4 Inserte las levas de tornillo en los agujeros apropiados, según se indique (éstos corresponderán a los agujeros dejados por los espárragos ya insertados en ellos). Como el caso anterior, usted podrá posicionar estos tornillos empujando con la mano. Asegúrese de que el lado abierto de la leva de tornillo encara el borde de la sección, de modo que dicha sección pueda unirse al panel lateral con el correspondiente espárrago. Asegúrese de que la cabeza de la leva de tornillo queda a ras con la superficie del panel adyacente.

5 Utilice el montante central de refuerzo como punto de partida para el montaje del conjunto. Una la base del montante con la sección de base, y atornille el riel superior de refuerzo en la parte superior del montante. Continúe verificando que cada sección se coloca en la posición adecuada.

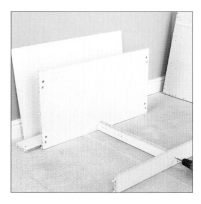

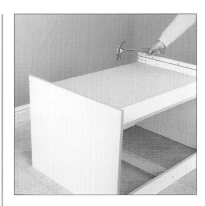

10 Los cajones se montan con tacos; frecuentemente éstos son de madera y, por tanto, necesitarán encolarse antes de colocar el mueble de cajones. Si el kit no incluye pegamento, bastará una cola normal. Limpie con un trapo cualquier exceso de pegamento antes de que seque.

6 Las secciones laterales del elemento pueden ser ahora colocadas en su sitio, utilizando como guía la posición de los tacos, las levas de tornillo y los espárragos. Apriete las levas de tornillo para conseguir una estructura rígida. Para ayudar a la alineación de las fijaciones de levas y de los tacos, puede tener que dar golpes ligeros con el extremo del martillo en la parte exterior de las secciones laterales.

8 Enganche los soportes de los estantes en su lugar. Normalmente se colocarán a mano, aunque puede necesitar algunos golpecitos con el extremo del martillo. Coloque el estante central, permitiendo que descanse en sus soportes. El estante quedará sujeto bien por gravedad, bien mediante un diseño con un clip, que puede estar situado por encima o por debajo del estante.

7 Ahora puede colocar el panel posterior. Normalmente, éste se desliza hasta su posición a través de unos canalillos hechos a este propósito en los paneles laterales. Generalmente, los paneles posteriores son más delgados que las otras secciones, ya que no proporcionan fortaleza estructural al elemento en su conjunto. Asegúrelos en su posición clavando clavos a lo largo del borde inferior de dicho panel posterior en el borde del panel de base. Asegúrese de que los clavos se insertan en posición perpendicular al panel de base, sin formar ángulo; una inserción en ángulo puede originar que los clavos atraviesen la superficie del panel de base, provocando una unión débil y antiestética.

9 Atornille en su posición los carriles centrales del cajón. Se necesitarán dos carriles centrales en el caso de un mueble con dos cajones (uno a cada lado del montante vertical central); en cualquier otro caso sólo necesitará uno.

11 Permita que se sequen las uniones mediante tacos antes de fijar los carriles del cajón. Atornille éstos en posición, perpendicularmente al borde del cajón.

12 Coloque finalmente los cajones, y el elemento estará preparado para la primera etapa del proceso de instalación de la cocina.

nivelación ✒✒

En la instalación de una nueva cocina integrada es vital asegurarse de que se parte de un punto inicial bien nivelado. Toda la cocina se desarrolla a partir de este punto, y cualquier imprecisión en esta etapa se ampliará según avance el trabajo. Consideramos muy importante tomar el tiempo necesario en obtener un punto de comienzo bien nivelado.

Medición y marcado

El objeto es marcar una línea de guía horizontal, a una altura correspondiente a la parte superior de los elementos de suelo, que siempre serán los primeros en montarse. Si los elementos son rígidos, sin patas que permitan regular su altura, la guía se situará a la altura de los muebles. En el caso de disponer de patas regulables, una buena altura es 87-89 centímetros. Para realizar la línea de guía usted deberá medir el punto más alto de nivel del suelo. No todos los suelos son perfectamente horizontales, y tendrá que hacer ajustes en esta etapa.

Herramientas para el trabajo

Nivel
Cinta métrica
Lápiz

1 En la mayor parte de las cocinas habrá al menos un elemento de esquina a instalar (ver páginas 50-51). Éste es un punto de inicio ideal. Si es posible, fije el nivel de la guía desde una de las esquinas. Si puede elegir entre varias esquinas, tome el nivel desde la más elevada. Si no hay muebles de esquina, simplemente busque el punto más alto del suelo. Extienda un listón largo sobre el suelo, a lo largo del borde de la habitación, y coloque el nivel para determinar las pendientes.

2 Marque la altura deseada de los muebles, midiendo desde el suelo, a lo largo de la pared.

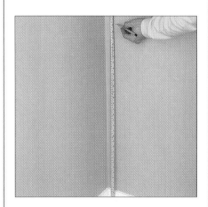

3 No necesitará tomar nuevas medidas a lo largo de la superficie de las paredes. Simplemente utilice el nivel para trazar una línea de guía horizontal sobre la pared. Esta línea representa la altura a la que se deben instalar los elementos.

4 Marque a lo largo de esta línea de guía dónde deben empezar y terminar los distintos elementos. Compruébelo con el plano de su cocina para tener medidas precisas.

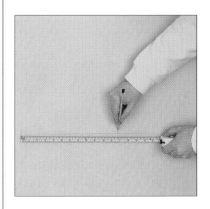

Utilización de un listón

El hecho de unir un listón a lo largo de la línea de guía de nivel debe facilitar el proceso de instalación de los elementos, aunque esto no está siempre recomendado por los fabricantes. Sin embargo, la solución del listón proporciona un punto de fijación excelente para los elementos y sirve de apoyo adicional para la encimera, una vez que ésta se instala. Si el fondo de los elementos no es particularmente grande, y, por ello, quedan a cierta distancia de la pared, seguramente necesitará unir un listón para apoyar la encimera. Con elementos de mayor fondo, se trata más bien de una decisión personal. Las técnicas de fijación de los elementos a la pared, con o sin listón, se discuten en mayor profundidad en las páginas 48-49.

Herramientas para el trabajo

Sierra de paneles
Taladro sin cable
Taladro potente
Martillo

Utilización de anclajes de hormigón

En el caso de paredes macizas, los anclajes de hormigón son una elección ideal, ya que ofrecen con mucho el método más rápido y proporcionan una fijación excepcionalmente fuerte.

1 Corte un listón a la longitud adecuada; a continuación realice taladros en la pared, atravesando el listón. El diámetro de la broca debe ser el de los tornillos de anclaje al hormigón.

2 Para tener una sujeción sólida, simplemente atornille los anclajes a la pared maciza a través del listón. Coloque una fijación entre la pared y el listón cada 30-45 centímetros, aproximadamente.

Utilización de tacos

Se pueden utilizar tacos de pared para realizar fijación, tanto en paredes sólidas como huecas. Se utilizará un tipo de taco diferente para cada tipo de pared; usted deberá comprobar el paquete. En este ejemplo se muestra el caso de una pared maciza.

1 Taladre la pared atravesando el listón. En algunos casos necesitará un taladro de potencia, en lugar de un taladro sin cable, especialmente si la pared está hecha de un material muy resistente.

2 Meta a presión un taco de pared en el agujero e introduzca un tornillo en el taco; utilice un martillo para empujar con suavidad el tornillo y el tapón más adentro en la pared, hasta que el tornillo no penetre más sin un incremento considerable de la fuerza necesaria. Después deberá apretar el tornillo para lograr una unión totalmente sólida. Utilice un taladro sin cable para ello. Coloque uniones adicionales de este tipo a lo largo del listón, según se necesite.

Colocación de las patas

Tanto si ha comprado muebles de cocina en kit o premontados, muy probablemente el fabricante le habrá dejado la tarea de montar las patas de cada elemento.

Herramientas para el trabajo

Taladro/destornillador sin cable

1 Atornille las patas de modo que queden en la mitad de su posición a lo largo de la rosca de regulación.

2 Coloque las patas en los agujeros precortados en la parte inferior del elemento.

3 Fíjelos en su sitio con las tuercas suministradas. Los elementos estarán preparados para su instalación.

elementos de base o de suelo 𐄂

Una vez que se dispone de una línea de guía de nivel, la atención se centra en la tarea de colocar y fijar los elementos propiamente dichos. Un nivel es, de nuevo, la herramienta más importante para ello, ya que, aunque la parte posterior de los muebles se haya alineado contra el listón de guía, el borde frontal del mismo debe quedar al mismo nivel. La colocación de los elementos antes de su fijación resulta un proceso metódico de regulación de la altura de las patas para asegurar el nivel del elemento en todas sus dimensiones.

Fijación de los elementos

Como preparación final previa a la colocación de los elementos, deben fijarse a éstos las abrazaderas de fijación incluidas en el suministro. Usualmente hay dos tipos de abrazaderas de fijación: las de la encimera y las de la pared.

Herramientas para el trabajo

Martillo

Taladro destornillador sin cable o destornillador

Abrazaderas de fijación de la encimera

Se trata de pequeños bloques de plástico que se introducen mediante pequeños golpes en agujeros preparados en los laterales del elemento. Para unir el elemento a la encimera, se inserta un tornillo en ésta a través de la abrazadera.

Abrazaderas de fijación a la pared

Son dispositivos en forma de L que se fijan a la parte inferior de los paneles laterales del elemento.

Su forma de L sirve para sujetar el elemento en su sitio, atornillándolo a la pared.

ELEMENTOS NO AJUSTABLES

En el caso de elementos sin patas regulables, deberá utilizar pequeños calzos para ajustar la altura deseada. Podrá cortar sus propios calzos de un listón de 5 por 2,5 centímetros.

Colocación y nivelación

El diseño mostrado de cocina es de una sola hilera de elementos, colocados en una única pared. Es mejor comenzar en una esquina de la habitación, si esto es posible. Aunque los muebles de cocina no son demasiado pesados, podrá necesitar ayuda para levantar los elementos a su posición.

Herramientas para el trabajo

Nivel

Taladro destornillador sin cable

Mordaza

1 Levante hasta su sitio el primer elemento de esquina, colocando el borde posterior contra el listón de guía.

2 Regule la altura de las patas, atornillando o desatornillando las mismas, según se requiera. Esto hará que suba o baje el elemento en su conjunto, llevándolo a la altura correcta, nivelándolo con el listón de guía.

3 Sujete un nivel sobre la parte superior del elemento para hacer los ajustes finales de altura. La parte superior del elemento debe asentar a ras con la parte superior del borde del listón. Verifique la posición del elemento sujetando el nivel en diversas posiciones en la parte superior del mismo, ajustando la altura de las patas según se requiera.

4️⃣ Mueva el siguiente elemento a su posición, ajustando la altura de las patas según se requiera y repitiendo el procedimiento de nivelación. Asegúrese de que coloca el nivel sobre los dos elementos para verificar que se han montado a la misma altura.

5️⃣ Continúe añadiendo elementos hasta que la hilera completa se haya terminado; verifique que cada uno está nivelado con los otros. Sujete con mordazas unos elementos a otros, con el propósito de fijarlos. Si el diseño de su elemento no incluye agujeros pretaladrados para la unión, haga los que necesite, en un punto que vaya a quedar escondido por la chapa de la bisagra, una vez que ésta se coloque.

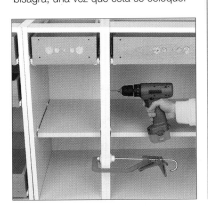

6️⃣ Si todos los elementos están al mismo nivel, habrá convertido unos elementos sencillos en una fila rígida y sin costuras aparentes.

7️⃣ Una fuertemente los muebles al listón, insertando los tornillos en las abrazaderas y, a través del listón, a la pared.

Alternativas de fijación a la pared

El método mostrado anteriormente no es el único utilizado para unir los elementos a la pared, y algunos fabricantes pueden especificar otras recomendaciones. En gran medida esto se debe al fondo presentado por los elementos. La técnica que se muestra funcionará en la mayor parte de los tipos de elemento. Sin embargo, es importante verificar que el fondo de su encimera no es demasiado pequeño si se sitúan los elementos demasiado alejados de la superficie de la pared, cuando se utiliza la técnica del listón. En el caso de que sus muebles de cocina sean particularmente anchos o estrechos, podrá tener que considerar la aplicación de los siguientes métodos alternativos.

Elementos de poco fondo

En el caso de elementos poco profundos, siga los pasos descritos en las páginas 46-47, de unión de un listón guía a la pared. Para colocar una encimera de fondo estándar, sin embargo, los elementos deberán colocarse algo más alejados de la pared. Utilice la técnica descrita a la izquierda para alcanzar la altura correcta de los elementos. Añada entonces piezas de listón intermedias, más cortas, para realizar una fijación sólida entre el elemento y la pared.

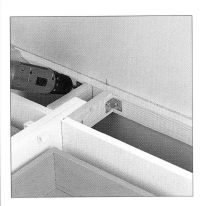

Elementos de mucho fondo

En el caso de elementos de mucho fondo, es muy probable que la anchura de la encimera sea sólo ligeramente superior al fondo real del elemento. Como consecuencia de ello, es esencial que los muebles se coloquen lo más próximo a la pared que sea posible. En este caso, evite el uso de listón de madera para actuar como guía. Por el contrario, una los elementos directamente a la pared, usando uniones de pared y siguiendo cuidadosamente la línea de guía dibujada con el lápiz.

elementos de esquina ↗↗

En las páginas 48-49 se ha mostrado el inicio en una esquina al montar una única hilera recta. Sin embargo, frecuentemente se dará el caso de que el mobiliario se extienda alrededor de una esquina interior. En este caso, es aún de mayor importancia empezar en la esquina de la habitación, aunque en este caso no se montará un mueble de suelo recto, sino, más bien, un mueble de suelo de esquina. Por tanto, la técnica de montaje deberá ser modificada ligeramente, teniendo en cuenta la variación en el diseño.

Los elementos de esquina pueden suministrarse ya preparados, pero más frecuentemente se suministran parcialmente montados y se requiere un montaje y nivelación adicionales, tal como se muestra a continuación. Algunos elementos de esquina están diseñados para disponer de un sistema sencillo de almacenamiento en estantes. Sin embargo, una alternativa de almacenamiento es el montaje de un carrusel, que facilitará el acceso una vez que se instale el elemento. Aunque el montaje de un elemento con carrusel pueda ser más complicado, el ahorro de espacio puede compensarlo.

Herramientas para el trabajo

Taladro-destornillador sin cable

Martillo

Destornillador de estrella

Nivel

1 Añada una pata adicional al armazón del elemento de suelo ya montado. Esta pata se monta normalmente bajo el pivote de giro del carrusel, proporcionando un apoyo extra tanto para el elemento, como para el carrusel, cuando se carguen. Regule la altura de la pata adicional aproximadamente a la altura de las otras cuatro patas del mueble.

2 A menudo los cuerpos de los muebles tienen un soporte interior para el transporte, con objeto de que mantengan su forma y reducir el riesgo de daños. Una vez que se ha instalado la pata adicional, y se ha dado vuelta al mueble a su posición normal, se puede quitar este soporte provisional. Coloque con ayuda de un martillo los conectadores de los estantes, a lo largo del borde del cuerpo, siguiendo las directrices dadas por el fabricante. Esto corresponde a la parte de automontaje del elemento.

3 Fije el anillo de freno del carrusel a la sección pretaladrada de la base del cuerpo. Asegúrese de que el anillo está montado correctamente en todo su perímetro.

4 Encaje el estante superior del carrusel en el eje de soporte. Coloque una clavija o pasador en el eje, para evitar el deslizamiento del estante a lo largo del eje. Tome el segundo estante (inferior) del carrusel y encájelo en su posición. Si se necesita, ponga una clavija de apoyo para evitar el deslizamiento, como se ha indicado para el estante superior. Una el rodillo de bloqueo a la cara inferior del estante de abajo, asegurándose de que el brazo del rodillo quede en la posición correcta, de acuerdo con las instrucciones del fabricante.

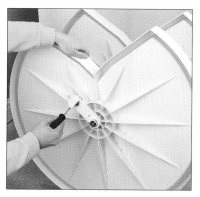

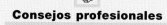

Consejos profesionales

Una herramienta particularmente útil en la colocación y alineación de elementos de cocina es un nivel de alcohol de 2 m. Esta longitud ayuda a realizar la nivelación de varios elementos al mismo tiempo, una vez colocados en posición. Esto es especialmente útil en cocinas en L, donde podrá colocar el nivel de la hilera de muebles de una de las paredes a la otra. Aunque estos niveles de alcohol largos son bastante caros, si usted es un entusiasta del bricolaje, esta herramienta le será de gran valor, tanto en la instalación de la cocina, como en futuros proyectos.

5 Los estantes ya asegurados pueden colocarse dentro del cuerpo del mueble de esquina. Encaje el extremo superior del eje a través del panel superior del cuerpo del mueble, antes de dejar descansar la parte inferior en el anillo de freno. Una vez colocado el carrusel en esta posición, ponga con unos golpecitos el tapón de fijación en el tablero superior del elemento. Así se sujetará de forma segura el eje y el carrusel, permitiendo simultáneamente un giro completo, facilitando el acceso.

6 Tras ajustar de forma segura el carrusel dentro de la parte premontada del mueble, nos fijaremos en la sección de automontaje del elemento de esquina. Antes de iniciar el trabajo, tómese su tiempo y extienda los componentes en el suelo, frente a usted. Así podrá identificar todas las secciones y asegurarse de que cada sección está en la forma correcta. Una vez que se familiarice con la disposición, utilice un martillo para colocar en los bordes de las secciones las conexiones correspondientes a los conectadores mencionados en el paso número 2.

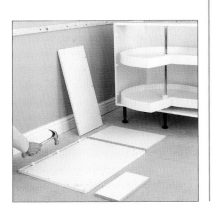

7 Cuando así se indique en las instrucciones del fabricante, utilice un bloque de conexión de esquina para unir la sección posterior del elemento, con lo que se convertirá en la sección lateral del mueble en su conjunto. Probablemente le resultará más fácil el uso de un destornillador manual frente a uno eléctrico, en esta situación, ya que le será más fácil mantener un mayor control, mientras sujeta en posición las secciones.

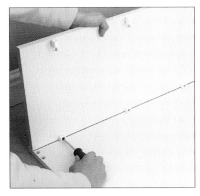

8 A menudo se da más fortaleza a la unión entre las secciones inferior y laterales, realizando una junta con tacos. Encole e inserte los tacos, asegurándose de que, cuando la sección inferior quede en posición, se une con limpieza con el panel lateral. Utilice un trapo húmedo para eliminar cualquier exceso de cola de madera antes de que seque.

9 Para completar la parte de automontaje del mueble de esquina, añada dos patas adicionales, para proporcionar un apoyo del mueble en su conjunto, cuando quede montado. Atorníllelas en su lugar, en la forma usual.

10 Ponga en pie la sección de esquina de automontaje, y case los conectadores indicados en los pasos números 2 y 7. Los conectadores correspondientes deben atornillarse con facilidad unos con los otros. De nuevo, suele convenir el uso de un destornillador manual en esta tarea.

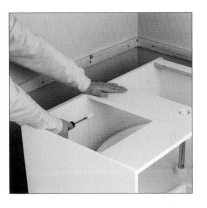

11 Coloque en posición el mueble terminado en la esquina de la habitación, regulando las patas para obtener el nivel correcto. Utilice el nivel a lo ancho de todos los ángulos para asegurar una colocación precisa, ya que la posición del resto de los elementos se obtendrá utilizando la del elemento de esquina como referencia.

elementos de pared ✂✂

Al igual que en el caso de elementos de suelo, una correcta nivelación de los muebles de pared es importante para lograr la mejor apariencia y para un funcionamiento adecuado, permitiendo que las puertas abran y cierren con suavidad. Para asegurar los elementos de pared en la posición correcta, se utilizan fijaciones a la pared; por ello es necesario que estas fijaciones se instalen correctamente. La mayor parte de los elementos están colgados de abrazaderas a la pared y, para una mayor fortaleza, suelen venir ajustadas con un larguero o raíl de fijación, en el que pueden insertarse los tirafondos, a través del panel posterior de los elementos, directamente a la pared. Esta combinación del uso de abrazaderas a la pared y de un raíl de fijación es el método más seguro de colocación de los muebles de pared.

Herramientas para el trabajo

Taladro destornillador eléctrico sin cable
Cinta métrica
Lápiz
Nivel
Destornillador
Mordaza

1 Antes de tomar medidas, realice dos o tres agujeros piloto en el raíl de fijación de la parte posterior de cada uno de los elementos de pared.

2 Mida desde la parte superior de los muebles de suelo hasta lo que va a ser la parte inferior de los muebles de pared. Esta distancia puede variar de acuerdo con las preferencias personales; sin embargo, tenga en cuenta algunos aspectos de seguridad. Cuando un elemento de pared esté situado por encima directamente de los fuegos, esa distancia debe ser de al menos 60 cm. Cuando los elementos estén a cada lado de la placa, la distancia mínima será de 46 cm. Por tanto, una buena distancia para los muebles de pared es de 45-50 cm. Recuerde ajustar sus medidas teniendo en cuenta la profundidad de la encimera. La medida debe tomarse desde la superficie superior de la encimera, por lo que deberá añadir el espesor previsto de la encimera por encima de la parte superior de los muebles de suelo.

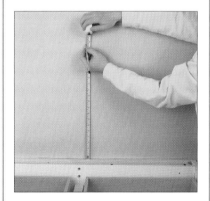

ALTURA DE LOS ELEMENTOS DE PARED

Para determinar la posición de los muebles de pared, debe elegir la altura de colocación que le conviene. Un factor clave es la estatura de la persona o personas que utilizan más frecuentemente las instalaciones de la cocina. No deben estirarse mucho para acceder al interior de los armarios, ni golpearse la cabeza al preparar los alimentos. Debe, sin embargo, tener en cuenta aspectos de seguridad discutidos en el paso número 2. Los elementos situados encima y a los lados de los quemadores deben estar instalados a una altura mínima. Este mínimo determina en ocasiones la altura de los restantes muebles. Es mejor tener una hilera continua que un escalón en las cercanías de los quemadores.

3 Trace con el lápiz una línea de referencia de nivel sobre las marcas de las medidas de la altura de colocación de los muebles. Use como regla un nivel, de modo que no necesite hacer más medidas. Simplemente mantenga la burbuja nivelada. Esta línea de referencia identifica el borde inferior de los muebles de pared.

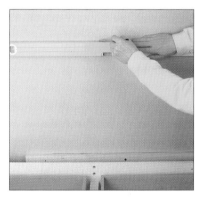

4 Mida desde esta línea de guía de la base de los elementos de pared una distancia igual a la altura de los muebles de pared, y trace una nueva línea de referencia de nivel, que corresponderá al borde superior de los muebles de pared, una vez instalados. Prestando mucha atención al plano de la instalación de la cocina, marque líneas verticales en donde irán las separaciones

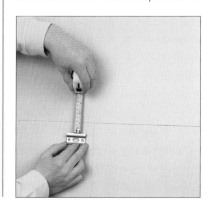

entre los distintos muebles. Siga las instrucciones del fabricante para fijar la distancia entre las referidas líneas de referencia de nivel y verticales y los bordes de las abrazaderas. Marque estas posiciones con el lápiz.

5 Coloque en su lugar las abrazaderas, y fíjelas a la pared con los accesorios adecuados. Recuerde que debe seleccionar el tipo de taco en función de que se trate de una pared maciza o hueca. Continúe instalando abrazaderas para todos los elementos. La mayoría de los elementos necesitarán dos abrazaderas, una en cada extremo.

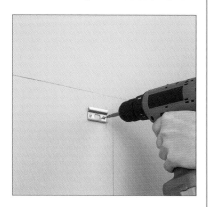

6 Sencillamente, enganche el elemento de pared en la abrazadera y quedará sujeto contra la pared. En el caso de elementos de gran tamaño puede necesitar un ayudante para levantar el mueble hasta su posición.

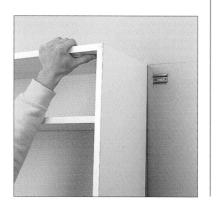

7 Algunos ajustes menores pueden necesitarse tras la colocación de los muebles en la pared. Los elementos de pared suelen tener, en su esquina interna superior, un bloque de ajuste, con dos funciones: la primera es la de ajustar la altura del elemento, apretando o aflojando el tornillo; la segunda es la de apretar el mueble contra la abrazadera, una vez que usted esté satisfecho de la nivelación realizada. Para facilitar el acceso a los tornillos de ajuste, puede tener que desmontar alguno de los estantes.

8 Los elementos de pared se unen mecánicamente entre ellos para formar una estructura de almacenaje rígida. Para hacer una unión, sujete con una mordaza los dos paneles adyacentes de muebles contiguos y perfórelos conjuntamente, cerca del borde frontal. Alinee estos agujeros con las fijaciones de las bisagras.

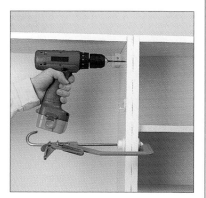

9 Una los elementos contiguos utilizando tornillos de conexión de acero de dos partes. Inserte dos fijaciones en cada borde de elemento. Apriete con un destornillador.

10 Como precaución adicional para asegurar que la estructura de los muebles de pared es sólida, ancle directamente el fondo de los elementos, usando los agujeros realizados en el paso número 1.

puertas y frontales de cajones ⌐

Las puertas, los frontales de los cajones y las manillas añaden el toque de acabado a los muebles de cocina. Aunque el procedimiento de instalación de estos componentes es muy sencillo, es importante tomarse el tiempo necesario para asegurarse de que se utiliza la técnica adecuada, dada la alta contribución al aspecto final de una cocina.

Herramientas para el trabajo

Taladro destornillador eléctrico sin cable

Destornillador

Puertas de armarios

La mayoría de los fabricantes precortan huecos en el interior de las puertas, que indican la posición exacta de las bisagras. Igualmente, los laterales de los cuerpos suelen tener agujeros pretaladrados para las placas de las bisagras. A pesar de todo, la precisión es fundamental para asegurar un buen funcionamiento de las puertas.

1 Coloque las bisagras en el interior de las puertas y atorníllelas.

👍 Consejos profesionales

Elija siempre el tamaño de tornillo adecuado para cada componente. Si son demasiado largos, sobresaldrán por la parte frontal de puertas o cajones.

2 Fije las placas de las bisagras a los agujeros pretaladrados en los laterales de los cuerpos. Un destornillador eléctrico sin cable es la herramienta idónea, de modo que el tornillo se agarre firmemente, pero úselo en velocidad baja para mantener un buen control.

3 Coloque la puerta de modo que las bisagras se deslicen sobre la placa de bisagra, después apriete los tornillos de retención.

4 Si necesita ajustar el nivel del borde de la puerta, puede hacerlo aflojando los tornillos de la

placa de la bisagra para que la puerta suba (o al contrario, para que baje).

5 Para lograr un ajuste suplementario de la altura de nivelación de la puerta, cuando se cierra, puede apretar o aflojar los tornillos de la bisagra. Puede necesitarse apretar uno de los tornillos, al tiempo que afloja el otro.

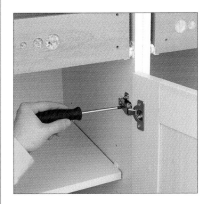

Instalación de las manillas

Los fabricantes suelen hacer muescas en el interior de las puertas, como guía para la colocación de manillas y tiradores.

1 Utilizando una broca del tamaño adecuado al diámetro del perno de la manilla, perfore la puerta del interior

al exterior. Sujete un taco de madera contra la superficie exterior de la puerta, en la zona en que se prevé la salida de la broca. Esto evitará el astillamiento de la superficie de la puerta. Puede tener que taladrar más de un agujero, dependiendo del diseño de la manilla.

2. Inserte el perno de retención (o los pernos) de la manilla a través del agujero recién practicado.

3. Asegure la manilla apretando el perno.

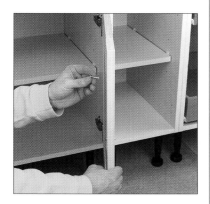

Los frontales de las puertas de elementos de esquina suelen requerir una técnica de ajuste algo diferente, debido a la gran variedad de diseños para acceder a ese espacio difícil. La técnica también dependerá de que se instale una puerta en toda la altura del mueble, o que se necesite colocar falsos cajones en la parte de arriba.

Opción de puerta en toda la altura

En los elementos de esquina se une un listón a uno de los bordes internos de las puertas, con objeto de dar una apariencia sin costuras cuando las puertas están cerradas. Asegure el listón en su sitio, mediante placas de fijación, en la parte interior de la puerta que se solapa con el listón de la esquina. Siga el procedimiento indicado anteriormente para colocar puertas y manillas en el elemento de esquina.

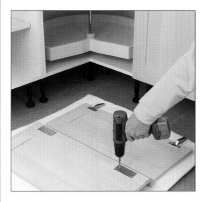

Opción de apertura a 170º

Existen bisagras especiales para elementos de esquina, de diseño algo más complejo, y que permiten una apertura de la puerta a 170º, facilitando la accesibilidad del interior.

Opción de falsos cajones

En este caso, se utilizan placas de fijación adicionales para solapar entre la puerta y los frontales de cajones. Así, con la puerta cerrada tiene la apariencia de cajones y armario separados, cuando el mueble de esquina es tan sólo un armario.

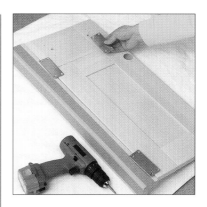

Colocación de los frontales de cajones

Compruebe las instrucciones del fabricante para ver si hay que montar los tiradores antes o después de la unión de los frontales.

1. Case los agujeros pretaladrados y compruebe varias veces la posición correcta del frontal.

2. Atornille el frontal a través de los agujeros pretaladrados desde el interior del cajón. Sostenga en posición el frontal para asegurar una buena unión.

encimeras de madera ⁄⁄⁄

La mayor parte de la variedades de encimera se colocan usando técnicas similares, comunes a todos los tipos, aunque puedan variar en casos particulares. Por ejemplo, las encimeras de madera no siempre se suministran con el borde modelado. Si usted lo desea, deberá realizarlo a su gusto. También tendrá que tener en cuenta la diversidad de las técnicas de corte. Planifique el uso de las tablas para optimizar los cortes en fábrica del material de la encimera.

Decisión de las posiciones de los cortes

Los cortes de la encimera hechos en fábrica son en general más precisos que los hechos en casa, así que utilice aquéllos lo más posible. El diagrama adjunto muestra la disposición ideal de los cortes en una encimera típica. Los cortes realizados por usted mismo deberían situarse contra la pared, de modo que queden ocultos por el acabado de las paredes. En este diseño tan sólo uno de los cortes realizados queda visible, y con un acabado adicional quedará oculto igualmente. Es mejor unir los lados a cortes hechos en fábrica para lograr un ajuste más preciso.

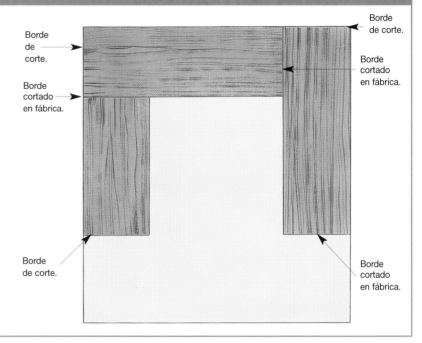

Borde de corte.

Borde cortado en fábrica.

Borde de corte.

Borde de corte.

Borde cortado en fábrica.

Borde de corte.

Borde cortado en fábrica.

Herramientas para el trabajo

Serrucho o sierra de calar

Cinta métrica y lápiz

Mordaza

Fresa

Instalación de un tramo recto

Un tramo único recto de encimera constituye el caso más sencillo de instalación, pero pueden usarse las mismas técnicas en diseños más complejos.

1 Corte la encimera a la longitud adecuada y colóquela en su posición aproximada sobre la parte superior de los muebles de suelo. Mida el saliente de

la parte frontal. Si los muebles se han instalado correctamente, esta distancia será ligeramente superior a la del saliente deseado. Un voladizo normal es de 0,5-2 cm, medido desde el exterior de puertas o frontales de cajones. Este voladizo puede variar ligeramente en la longitud de la encimera, debido a irregularidades en la superficie de la pared. En lugar de cepillar una longitud determinada del

fondo de la encimera, puede tener que cortar anchos diferentes para adaptarse a las ondulaciones de la pared. Para ello, coloque la encimera de modo que quede en voladizo una anchura constante a lo largo de todo el tablero de la encimera, y que, simultáneamente, ésta toque en al menos un punto en la pared.

Consejos profesionales

Cortar a la longitud adecuada: Una encimera de madera puede cortarse con una sierra de calar o un serrucho. Si utiliza una sierra de calar, escoja la hoja adecuada. Algo demasiado basto puede astillar los bordes del corte. Si utiliza un serrucho, mantenga el ángulo de la hoja dándole poca profundidad, para producir un corte lo más limpio posible.

2 La siguiente etapa consiste en preparar un bloque para trazar, para facilitar el marcado del material a eliminar por corte en la zona trasera. El tamaño de este bloque será igual a la distancia desde el borde exterior al exterior de los cuerpos de los muebles de suelo, menos la distancia que desee como anchura final de voladizo de la encimera. Corte un taco de madera de esa anchura precisa. Sujete al bloque un lápiz, y trace sobre la encimera una línea de guía, deslizando el bloque sobre la pared todo a lo largo del tablero de la encimera. Conviene fijar previamente la encimera con mordazas, con objeto de que no se mueva durante el proceso.

3 Corte por la línea de guía trazada, con una sierra de calar o un serrucho. La precisión es importante, pero las astilladuras que puedan producirse al cortar pueden lijarse y, en cualquier caso, quedarán ocultas al ajustar la encimera contra la superficie de la pared.

4 Vuelva a colocar la encimera, de modo que el borde posterior se apriete contra la pared. El borde frontal formará un saliente en voladizo de anchura uniforme. Sujete con mordazas la encimera en esta posición y atornille a través de las abrazaderas suministradas. También fije la parte inferior de la encimera a través del listón frontal de sujeción de los elementos.

Tratamiento de las esquinas

Las esquinas no presentarán muchos problemas, siempre que haya tenido en cuenta la situación idónea de los bordes de los cortes. Siga la disposición indicada en la figura de la página anterior. Los diferentes tramos rectos deben cortarse y marcarse por separado, antes de proceder a unirlos.

1 Aplique una generosa cantidad de cola de carpintero o pegamento en la junta de esquina.

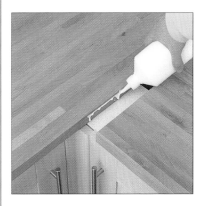

2 Mueva los tramos a su posición, creando una unión fuerte. Limpie los excesos de pegamento con un trapo, antes de que se seque. Algunos fabricantes suministran placas de unión, que se instalan por el lado inferior de la junta para facilitar una sujeción firme.

Acabado del borde

Una fresadora es la herramienta ideal para añadir un borde decorativo a la encimera. Escoja el accesorio de corte que corresponda al tipo de acabado pretendido.

1 Coloque el accesorio de corte en la máquina, de acuerdo con las instrucciones del fabricante.

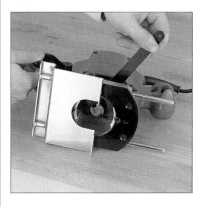

2 Desplace la fresadora a lo largo del borde de la encimera, dándole forma. Trabaje en un movimiento suave y continuo. Si asienta la máquina en un punto determinado de la madera, puede quemar su superficie.

encimeras de otros materiales

Además de las muchas variedades en madera, hay disponibles diversos tipos de encimeras de otros materiales (ver páginas 28-29 para un mayor detalle sobre tipos de encimeras). La instalación de encimeras de piedra, tanto natural como artificial, debería ser acometida por profesionales, pero la instalación de encimeras laminadas puede hacerse con técnicas similares a la empleadas en encimeras de madera, introduciendo tan sólo pequeños cambios en la planificación y de procedimiento.

Posición de los cortes

La disposición de cortes en las encimeras laminadas es similar a la indicada para las de madera en la página 56. En lo posible, coloque los bordes cortados contra las paredes, de modo que queden cubiertos por el acabado de la pared. Dado que los cortes en el laminado no pueden ser lijados o moldeados con una fresadora, es, si cabe, más importante el situar los cortes de fábrica en los bordes expuestos. Tiras de embellecedor pueden colocarse para paliar el efecto de cortes poco precisos en las esquinas.

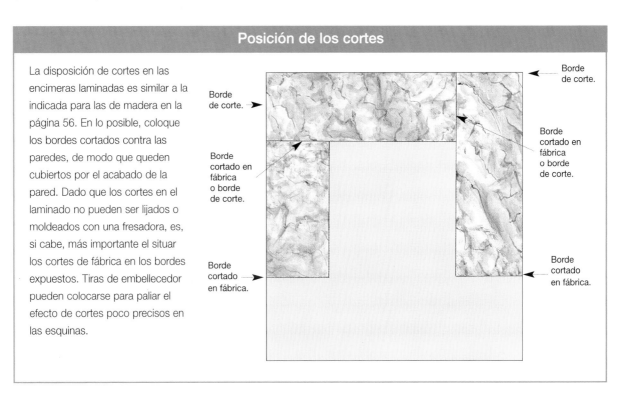

Borde de corte.

Borde de corte.

Borde cortado en fábrica o borde de corte.

Borde cortado en fábrica o borde de corte.

Borde cortado en fábrica.

Borde cortado en fábrica.

Herramientas para el trabajo

Cinta métrica y lápiz

Borde plano (listón)

Serrucho o sierra de calar

Taladro destornillador sin cable

Corte de la encimera

Las encimeras de material laminado pueden cortarse con sierra de calar o serrucho. Si usa la sierra de calar, es fundamental que utilice una hoja especial para corte de laminados. En caso contrario, astillará los bordes de la encimera. El corte de la encimera en posición invertida (el lado inferior boca arriba) también reducirá el riesgo de astillado.

1 Mida la longitud requerida y marque a lo ancho de la encimera, con un lápiz, utilizando un listón como regla.

2 Desplace el listón hacia un lado una distancia igual a la existente entre el borde de la sierra de calar y su hoja. Atornille en esa posición el listón,

de forma provisional, pero segura, por la cara inferior de la encimera. Corte la encimera, sosteniendo la sierra de calar contra el listón. Este sistema produce un corte perfectamente recto. Asegúrese de que la encimera está bien soportada durante la ejecución del corte, ya que cualquier desplazamiento puede ocasionar rasgaduras en la superficie laminada.

Tratamiento de esquinas

Es muy difícil hacer un corte transversal en el laminado suficientemente preciso para poder ser encolado y fijado, tal como se ha explicado en el caso de las encimeras de madera.

El menor daño en el corte o desigualdad en la colocación ampliará cualquier problema en la junta. Para resolver este problema se utilizan normalmente bandas de unión para realizar uniones resistentes entre distintas secciones.

1 Corte la banda de unión al ancho exacto requerido para la encimera laminada. Estas bandas son generalmente de aluminio y pueden ser cortadas con una sierra de metales.

2 Aplique un sellador de silicona en el borde de corte de la encimera y atornille la banda de unión en su sitio a lo largo del borde.

3 Añada una cantidad adicional de sellador de silicona en el borde de la otra sección, que estará ya instalada sobre los elementos. Deslice entonces la sección con la banda de unión hasta la posición prevista, a paño con el borde cubierto por el sellador de silicona.

4 Atornille los raíles de unión de los elementos a la cara inferior de la encimera. Sea especialmente cuidadoso en las esquinas. Limpie cualquier exceso de sellador y permita que seque la silicona, formando una unión estanca.

Terminación de bordes

El fabricante le habrá suministrado tiras de laminado para acabar los extremos de la encimera. Éstas se aplican mediante una plancha templada, que activa el adhesivo de la cara interna de la tira de laminado, fijándolo en su sitio.

1 Caliente la plancha hasta la temperatura indicada por el fabricante. Corte la tira de laminado a la longitud necesaria, con unas tijeras, y apriétela contra el borde de la encimera. Pase la plancha a lo largo de la tira de laminado, presionando con suavidad hasta que la tira se pegue. Una vez seco el adhesivo, y la tira fijamente unida, repase los bordes de la tira, preferentemente con un cuchillo o cúter, para lograr un acabado perfecto.

OPCIONES DE ENCIMERA

• **Piedra natural:** Para la instalación de una encimera de piedra natural, como el granito, haga primeramente una plantilla del área requerida, y désela a una fábrica, para que corte el granito a las medidas adecuadas y lo pula. La encimera se instala en secciones de gran tamaño, labor que es preferible que sea realizada por instaladores profesionales. En el tratamiento de juntas se utiliza normalmente una resina epoxi. Teniendo en cuenta que la piedra no tiene elasticidad alguna, es imprescindible una exacta nivelación de los elementos de suelo. Cualquier ondulación puede causar la fisuración de la piedra bajo su propio peso.

• **Piedra artificial:** Para este material, también se requiere sacar una plantilla antes de su instalación, que mejor será hecha por profesionales. Una superficie bien nivelada es igualmente crucial en la instalación.

cornisas, molduras y paneles de terminación ✂✂

El toque de terminación que mejora el aspecto general de la cocina se logra con las cornisas, molduras y paneles de terminación de los extremos. Estos artículos no juegan un papel estructural y su función principal es la de ocultar accesorios y adornar los bordes y laterales de los elementos, para dar una apariencia final y placentera.

Herramientas para el trabajo

Cinta métrica y lápiz

Sierra de inglete

Taladro/destornillador eléctrico sin cable

Pistola de sellador

Mordaza

Instalación de la cornisa

La cornisa es un embellecedor de borde, ajustado alrededor del borde superior de los muebles de pared, para proporcionar un acabado moldeado y enmarcado a una hilera de muebles, aumentando el aspecto empotrado. Los accesorios de fijación quedan ocultos a la vista cuando se insertan, de arriba abajo, a través de la cornisa, en la parte superior de los cuerpos de los muebles de pared. La instalación de cornisas es un proceso de medición cuidadosa y fijación, en el que la precisión es particularmente importante en los muebles de las esquinas.

1 Observe la relación entre el diseño de la cornisa y el proceso de colocación. A continuación, mida la longitud requerida y corte las dos piezas a su tamaño.

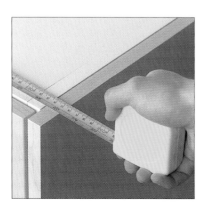

Marque en el extremo de cada pieza el corte en ángulo de 45° necesario para hacer la unión en inglete. Normalmente tendrá que alinear la cornisa con el ángulo de 90° que forma la esquina del mueble de pared. Sin embargo, si el elemento incluye un panel de terminación, o si la puerta sobresale ligeramente, deberá tener en cuenta estos aspectos.

2 Realice el corte en ángulo, usando una sierra de inglete. Asegúrese que la sierra está bien apoyada para evitar que se arranque algún trozo de la superficie de la cornisa al hacer el corte.

3 Atornille la primera sección de la cornisa en su posición, permitiendo que los tirafondos agarren firmemente en el mueble de pared. Use tirafondos

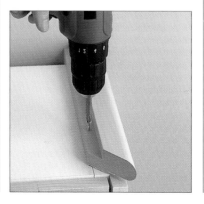

de la longitud apropiada, de modo que no atraviesen el tablero superior del mueble, sobresaliendo por el interior.

4 Aplique algo de cola o pegamento en el extremo de la sección de cornisa recién colocada, antes de montar la pieza siguiente.

5 Ponga en su sitio la siguiente pieza, comenzando por realizar, con la mano, la unión en inglete, y permitiendo que el pegamento haga una buena unión. Continúe atornillando el resto de la cornisa en la posición correcta, con la técnica explicada en el paso 3.

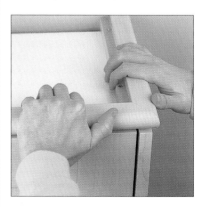

6 En algunos casos puede aparecer un pequeño hueco en la junta en inglete. Rellénelo con sellador de silicona de color similar al de la cornisa.

Limpie los excesos de sellador con un trapo, antes de que se seque.

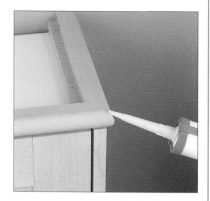

Instalación de molduras en la parte inferior del mueble

Muchos fabricantes producen una forma de moldura que sirve tanto de cornisa como de moldura inferior. La principal diferencia es que la moldura se une a la parte inferior del mueble, en tanto que la cornisa va en su parte superior. La técnica de instalación es muy similar. Mida y corte la moldura, como se ha explicado para la cornisa. Sin embargo, para permitir su fijación a la parte inferior de los muebles de pared, tendrá que sujetar provisionalmente la moldura en su lugar, utilizando mordazas.

Instalación de paneles

Los paneles de terminación son accesorios opcionales que se colocan en los extremos vistos de las hileras de muebles de suelo o de pared. Normalmente, los paneles se eligen a juego con las puertas y frontales de cajones.

1 Corte el panel a la altura necesaria y colóquelo en el lateral del mueble, dejando que sobresalga en la parte frontal del elemento. Saque parcialmente el cajón para tener acceso y medir con una cinta métrica para que el panel quede solapado con el frontal del mueble. Corte y quite cualquier excedente en el borde posterior. La mayor parte de las paredes no están perfectamente a escuadra. Por ello, es mejor marcar previamente el borde de detrás para obtener un ajuste limpio. Coloque el panel de modo que toque al menos en un punto de la pared. Mida y corte un taco o bloque de madera, al que

se sujetará el lápiz, para ayudarse en el marcado al mantener la distancia.

2 Dibuje una línea de guía a lo largo del borde posterior del panel, utilizando el bloque de marcado para mantener la distancia deseada a la pared.

3 Corte y quite la parte no deseada del panel usando una hoja especial para laminados. Coloque en su posición y sujete con mordazas el panel al lateral externo del elemento. Inserte los tirafondos desde el interior del mueble, hasta que agarren firmemente en la cara interna del panel de terminación. La colocación de los tornillos desde el interior asegura que no queden visibles.

👍 Consejos profesionales

Como método alternativo, aplique adhesivo o sellador de silicona en la cara interna del panel de terminación antes de atornillarlo en su lugar. De este modo sólo necesitará uno o dos tirafondos, mientras se seca el adhesivo o sellador.

En un diseño de cocina, los paneles de terminación, las cornisas y las molduras ayudan a mejorar el aspecto de lo que, esencialmente, son muebles funcionales.

zócalo ⚒

Al igual que las cornisas y molduras permiten un borde bien acabado en los muebles de pared, el zócalo proporciona el aspecto de borde acabado a la parte inferior de los muebles de suelo. En los elementos con patas, el zócalo se instala por medio de clips unidos a la parte posterior del zócalo, que se enganchan a las patas de los muebles en la posición deseada.

Herramientas para el trabajo

Cinta métrica y lápiz

Sierra de ingletes

Serrucho o sierra de calar

Escuadra

Taladro/destornillador eléctrico sin cable

Plancha

Tijeras

Navaja o cúter

1 Los zócalos se suministran, generalmente, en tramos de longitud estándar y altura prefijada. En la mayoría de los casos, la altura no tendrá que ser modificada, ya que los muebles de suelo suelen fabricarse de modo que el zócalo quepa debajo, confortablemente. Una pequeña holgura entre la parte inferior del mueble y la superior del zócalo no causará problemas, ya que esta área no queda vista. Cuando corte el zócalo a su longitud, verifique si necesita reducir la altura, para hacerlo al mismo tiempo. Recuerde que la holgura no será constante en toda la longitud, especialmente si el suelo tiene pendiente. Compruebe la altura disponible en varios puntos.

2 Corte el zócalo a la longitud requerida y, si es necesario, reduzca la altura. Puede utilizar un serrucho o sierra de calar para cortar el zócalo a lo ancho, pero una sierra de inglete, ajustada a 90°, dará un corte más preciso y limpio, asegurando el mejor encaje con otras secciones de zócalo. Use un serrucho o sierra de calar para ajustar la altura.

3 Extienda la sección de zócalo cortada frente a los muebles de suelo, permitiendo que apoyen en las patas (con la cara frontal del zócalo hacia el suelo). Utilice una escuadra y lápiz para trazar una serie de líneas en la parte trasera del zócalo, correspondiendo a los centros de cada pata.

4 Fije una abrazadera de clip en el centro de cada línea de referencia. Asegúrese de que no usa tornillos demasiado largos, que atravesarían el zócalo, sobresaliendo por su cara frontal y causando un daño antiestético.

5 Coloque los clips en cada soporte, de modo que incluso queden alineados con las patas de los muebles de suelo.

6 Si se suministra una banda de sellado, ponga el zócalo con el borde inferior hacia arriba, y una a dicho borde la banda de sellado. El objeto de la banda de sellado es el de crear un sellado claro y estanco para facilitar la limpieza.

7 Después de colocar la banda de sellado (si es aplicable; si no, tras la colocación de los clips), ponga el zócalo en su posición normal y engánchelo a las patas de los muebles.

8 Vuelva a comprobar la altura del zócalo. Si falta por colocar un suelo, tenga en cuenta que es mejor que el material del suelo se extienda por debajo de los muebles, con el zócalo haciendo una buena junta por encima. Use un trozo de cartón o tabla de espesor similar al del suelo elegido, para comprobar que la tolerancia es adecuada. Si no lo fuera, desenganche el zócalo y córtelo para reducir más su altura.

Ángulos interiores

La colocación del zócalo presenta un pequeño problema en los ángulos interiores, ya que es poco probable que haya una pata precisamente en el punto en que el zócalo tendrá la unión. Necesitará usar otro tipo de soporte, que una los dos zócalos, formando una conexión suficientemente rígida, de modo que ambos extremos queden sujetos correctamente en su sitio.

1 Corte los dos tramos de zócalo, de modo que uno de ellos se extienda un poco más de lo necesario para tener una unión precisa de esquina. Extienda este tramo más largo de lo necesario en el suelo, con la cara frontal hacia arriba. Monte un soporte de fijación en una posición central de la cara frontal, un poco más atrás de la posición que finalmente ocupará la unión de los dos zócalos.

2 Fije el clip de conexión al soporte de esquina en el extremo del zócalo más corto, en la cara posterior. Cuando se pongan en posición las dos secciones de zócalo, se unirá el clip del borde posterior del tramo corto con el soporte de fijación del tramo largo, formando una junta interna y apretada en la esquina.

Tratamiento de bordes expuestos de corte

En algunos casos, el borde de corte de un tramo de zócalo queda visto, como, por ejemplo, en ángulos salientes en los que a veces no hay otra opción que dejar un extremo visto. Si se tiene esta situación, use una técnica similar a la de

los bordes de corte de las encimeras, y cubra el extremo con una fina banda de laminado (ver también la página 59).

1 Mida y corte las bandas de laminado con tijeras.

2 Coloque la banda en el extremo del zócalo y deslice con suavidad una plancha templada. El calor de la plancha hará que el adhesivo se una al extremo del corte. Como se trata de un adhesivo de contacto, no se requiere sujetarlo con mordaza. Una vez que la unión esté asegurada, corte con un cuchillo o cúter los salientes de laminado, para tener un acabado neto.

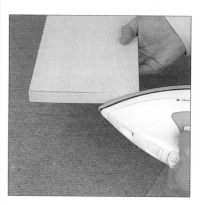

OPCIONES DE ZÓCALO

Aunque las cocinas integradas normalmente incluyen un zócalo fabricado especialmente, puede hacer el suyo utilizando tablero de mdf o tablas preparadas de madera blanda. Para su fijación, se usará la misma técnica, pero el beneficio de esta opción estriba en que presenta más opciones de acabado. Por ejemplo, las tablas pueden teñirse para lograr un aspecto natural.

barras para desayuno ⚟

Las barras de desayuno son cada vez más aceptadas en el diseño de cocinas. Pueden constituir muebles separados e independientes, o estar integrados en una hilera de muebles de cocina, transformando así una encimera de trabajo en un área multipropósito, que puede utilizarse tanto en la preparación de alimentos como para comer. Lo que hace que una encimera pase a ser una barra de desayuno es la posibilidad de sentarse cómodamente a ella, de modo que se pueda tomar la comida.

Barras independientes

Las barras independientes son ideales para personas solitarias o parejas y constituyen una buena forma de aprovechar retales del corte de la encimera.

Herramientas para el trabajo

Cinta métrica y lápiz

Serrucho o sierra de calar

Taladro/destornillador eléctrico sin cable

Nivel

Sierra de metales

1 Corte un listón de 5 x 2,5 cm a una longitud igual a la que desea que tenga la barra, y mate sus esquinas para que no se vea al colocarse la encimera. Atornille el listón a la pared a la altura deseada. No es necesario que sea una altura estándar de encimera. La posibilidad de sentarse cómodamente será el factor de decisión.

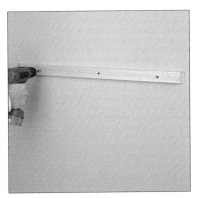

2 Coloque soportes en L a lo largo del tablero a cada 20 cm aproximadamente. Asegúrese de que la parte superior de los soportes en L queda a ras con la parte superior del listón.

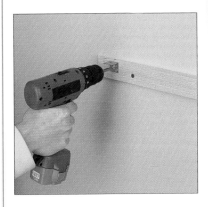

3 Corte al tamaño deseado una sección de encimera. El añadir un borde curvo en las esquinas suavizará la apariencia. Para dar forma al borde curvo haga una línea de guía (puede usar una lata de pintura de plantilla) y corte por la línea con la sierra de calar.

4 Sujete el tablero en su posición, asentando en el listón, y apoye un nivel en su superficie. Haga los ajustes necesarios para nivelar la encimera y mida entonces la distancia entre la cara inferior de la encimera y el suelo.

5 Usando una sierra de metales, corte un tramo de tubo de acero inoxidable a esa medida. Con abrazaderas o soportes adecuados una la pata de acero a la cara inferior de la encimera y al suelo. Fije de forma segura el tablero en su sitio, usando los soportes en L montados a lo largo del borde posterior: Puede hacer ahora un acabado final (ver página 57).

Barras integradas

Una barra de desayuno integrada es, básicamente, una continuación de la encimera de la cocina, con la opción de que sea mucho más profunda o ancha que el tamaño estándar. Por ello, gran parte del proceso de instalación es similar al mostrado en las páginas 56-59.

Herramientas para el trabajo

Cinta métrica y lápiz

Sierra de mano o sierra de calar

Taladro/destornillador eléctrico sin cable

Nivel

Martillo

1 Dado su mayor tamaño, siempre es mejor instalar la barra de desayuno antes que el resto de la encimera de la cocina, aunque no sea preciso que sea la primera sección fijada. Las barras de desayuno suelen suministrarse en tamaños específicos, aunque las de madera pueden cortarse a un tamaño menor y sus bordes ser acabados por usted. Mida la encimera para calcular la parte que quedará en voladizo. Al igual que en las encimeras normales, la zona en que no se sienten deberá sobresalir 0,5-2 cm. El lado opuesto deberá volar un fondo suficiente para permitir que la gente se siente cómodamente.

2 En el lado por el que se sienta la gente habrá que dar un acabado a la parte trasera de los muebles de

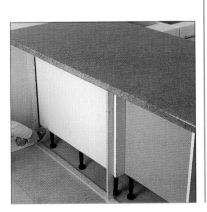

cocina. El panelado con lenguas y surcos ofrece una opción atractiva y resistente. Tendrá que construir un bastidor para unir el panelado. Los listones de 5 x 2,5 cm y de 5 x 5 cm son los ideales para este cometido. Realice una buena fijación cerca de la pared y vaya construyendo a partir de ella los bastidores.

3 El bastidor de listones deberá tener riostras horizontales para dar una resistencia mayor y más puntos de anclaje para el panelado.

4 Una vez terminado el bastidor, simplemente monte los paneles anclándolos a través de la parte de mayor espesor de los paneles a los listones del bastidor. Monte los nuevos tramos del panel solapándo, ocultando las fijaciones del panel previo.

Consejos profesionales

Las barras de desayuno con una parte en voladizo de mucho fondo pueden necesitar apoyos adicionales. Esto puede conseguirse atornillando un listón a la pared, en la unión de la barra a la pared, por debajo del voladizo.

65

Aquí se ha instalado una hilera de muebles bajos con una encimera que sobresale por un lado, de forma que sirve para realizar comidas y también de zona de trabajo.

cajeados ⚒

Una de las características atractivas de una cocina integrada es que la mayor parte de las tuberías y cables quedan ocultos por los propios muebles de cocina. No obstante, algunas veces es necesario algún cajeado que puede necesitarse para cubrir algunos aspectos antiestéticos que hayan quedado a la vista después de la instalación de los elementos de cocina. Hay dos tipos principales de cajeados: los que cubren permanentemente y los que incorporan algún registro de acceso de cualquier tipo.

Cajeados sin acceso

Éste es el tipo más fácil de realizar de los dos indicados, dado que se trata de hacer el diseño de cajeado con menos obstrucciones. Los materiales más versátiles para la realización de cualquier tipo de cajeado son el tablero mdf, junto con listones de 5 x 2,5 cm.

Herramientas para el trabajo

Cinta métrica y lápiz

Serrucho o sierra de calar

Taladro/destornillador sin cable

Martillo

1 Las tuberías constituyen los obstáculos más comunes que pueden ser objeto de un cajeado, y pueden encontrarse a menudo en las esquinas de las habitaciones. Primeramente fije a la pared tramos cortados a medida de listones, a cada lado de las tuberías.

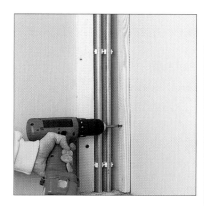

2 Mida las dimensiones necesarias para hacer el cajeado con dos piezas de tablero mdf. Recuerde que una de las piezas se solapará a la otra, para crear una junta en ángulo recto.

3 Corte el tablero mdf utilizando una sierra de calar o serrucho. Si usa un serrucho, recuerde que debe mantener un ángulo poco profundo entre la hoja y la superficie del tablero mdf. Esto mejorará tanto la facilidad de corte, como su precisión.

✋ Consejo de seguridad

El tablero mdf origina más polvo que otros tableros de fibras al ser serrado. Por ello, al cortar con el serrucho o la sierra de calar, utilice siempre una mascarilla para el polvo.

4 Clave en su posición los paneles de tablero mdf, con puntas para paneles. Comience por presentar las puntas en el borde del panel de mdf antes de colocar éste. Esto hace el clavado final más fácil y reduce el riesgo de dañar la pared con el martillo.

5 Clave en su posición la segunda pieza de tablero mdf. Añada clavos adicionales a lo largo del borde de la lámina que solapa para formar una junta en esquina fuerte. El cajeado puede entonces ser pintado o alicatado.

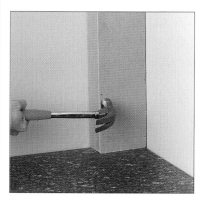

👍 Consejos profesionales

Las fisuras existentes a lo largo de la junta hecha en el cajeado pueden ser rellenadas con material flexible, antes de decorar. El relleno flexible reduce el riesgo de fisuración, especialmente importante en el caso de cajeados de tuberías de agua caliente, en las que los cambios de temperatura hacen que el cajeado dilate y se contraiga ligeramente.

Cajeados con acceso

Generalmente se requiere disponer de acceso cuando hay válvulas de corte o aislamiento en la sección correspondiente de tubería. En cualquier situación los paneles de acceso pueden estar unidos por bisagras o imanes, o ser elementos independientes, sin ninguna fijación permanente. Estos elementos independientes son comunes en bajos de calderas en la cocina, en los que se requiere acceso. Un pequeño elemento autoportante de cajeado se coloca sobre las tuberías para protegerlas de la vista.

Herramientas para el trabajo

Cinta métrica y lápiz
Serrucho
Taladro sin cable
Sierra de calar
Destornillador
Sierra de metales
Martillo

Acceso con bisagras

1 Después de cortar un panel de mdf que ajuste al bastidor de su cajeado, marque el tamaño deseado de puerta requerido en la cara de mdf. Un azulejo constituye una buena plantilla y tiene el tamaño idóneo para un registro que permita el acceso de la mano.

2 Utilizando una broca de cabeza plana, taladre el panel de mdf en cada esquina de lo que será la abertura

del panel de acceso. Tenga cuidado de que la broca no se salga de las marcas del lápiz.

3 Los taladros practicados servirán de puntos de acceso para la sierra de calar y de inicio del corte.

4 Corte una puerta que encaje en la abertura anterior en otra pieza de mdf. Utilice una sierra de metales para cortar a la longitud deseada una bisagra de piano, y atorníllela al borde correspondiente de la puerta de panel.

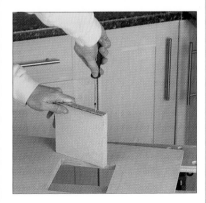

5 Instale un tirador pequeño en la puerta antes de atornillar la bisagra al borde del panel. A continuación, el

conjunto de panel puede ser instalado sobre el bastidor del cajeado, siguiendo el método explicado anteriormente.

Acceso autoportante

1 Corte piezas de mdf al tamaño adecuado, y únalas por uno de los bordes para formar un elemento en ángulo recto.

2 En el interior del elemento, pegue a la junta en ángulo recto unos bloques adicionales, para aumentar su resistencia estructural. Este elemento puede ser alicatado o pintado y colocado sobre una encimera, cubriendo tuberías que necesiten un acceso periódico.

accesorios de la cocina integrada

Normalmente, los accesorios de las cocinas se instalan después de colocar los muebles y la encimera. La razón para ello es que la mayoría de los accesorios requieren una instalación en las estructuras, y a veces también cortes y ajustes en la encimera, y esto es esencial para que los elementos estén permanentemente en la posición a la que este proceso da lugar. La mayor parte del trabajo lo puede llevar a cabo un buen entusiasta del bricolaje. Será solamente después de la instalación final de los aparatos cuando usted necesitará los servicios de un profesional para instalar el gas, las tuberías y los cables eléctricos. Este capítulo trata de los principales accesorios y aparatos que pueden encontrarse en una cocina y explica las principales técnicas que se pueden emplear para su instalación.

Los extractores con campana son cada vez más frecuentes entre los accesorios de cocina, por su aspecto y su utilidad.

opciones sobre accesorios

A menudo los accesorios y electrodomésticos son la parte más cara a la hora de instalar una cocina, lo que hace todavía más importante la utilización de correctas técnicas y procedimientos para elegirlos e instalarlos. Como en la mayoría de los elementos de cocina, en el terreno de los accesorios hay una gran variedad de opciones que permiten una gran libertad de expresión para determinar tanto el estilo como las características prácticas de su cocina. Los diferentes estilos de accesorios normalmente requieren diferentes técnicas de colocación y los consejos de los fabricantes deben tenerse en cuenta en todo momento.

Fregaderos modernos

Las últimas tendencias han hecho de los elementos de fregadero una elección muy frecuente en las cocinas. El lote estándar incluye un fregadero, desagüe y un cuenco central, y este conjunto va colocado en un agujero cortado en la encimera para crear un efecto integrado. Otras opciones más amplias también están disponibles y consisten en modelos con uno, medio o dos fregaderos. Casi todos los fregaderos modernos están fabricados en acero inoxidable sin color adicional, y este tipo de acabado ha resultado ser el favorito de los usuarios, por su inmaculado e higiénico aspecto. Este tipo de elementos está también disponible en numerosos colores y antes de comprarlo necesitará considerar cuidadosamente qué tipo de fregadero encajará mejor con la decoración de su cocina y con el aspecto y apariencia de los otros elementos.

DERECHA: *Al igual que en la discreción de los fregaderos integrados que casi desaparecen en la línea de mobiliario y encimera y que sólo dejan los grifos como elemento que resalta, se hace necesaria la inclusión de grifos atractivos que añadan una posibilidad de mejora sobre el total de la apariencia.*

Fregaderos tradicionales

El fregadero de tipo Belfast es el accesorio ideal si usted intenta dar un aspecto tradicional a su cocina. Al mismo tiempo que ayuda a crear un ambiente nostálgico, son altamente funcionales porque resultan cómodos para el fregado tradicional de platos. Un punto práctico importante es que, debido a su elevado peso, estos fregaderos necesitan un soporte especial de ladrillo construido desde el suelo hasta la parte inferior de este elemento, y es muy importante asegurarse de que el soporte se construya de tal manera que quede garantizada la perfecta nivelación del fregadero.

IZQUIERDA: *La apariencia tradicional se realza al incluir el fregadero tipo Belfast empotrado en una encimera de madera. Es importante tener el borde superior del fregadero coincidiendo exactamente con el borde superior de la encimera, de tal forma que se obtenga una perfecta estanqueidad.*

Placas de cocción y extractores integrados

La gran popularidad del aspecto integrado ha crecido hasta tal punto que casi todos los aparatos y accesorios se pueden hacer encajar de forma prácticamente invisible en el diseño de una cocina. Los extractores situados encima de las placas de cocción se pueden poner de forma que queden en completa armonía con la hilera de muebles de cocina en la que están, y lo mismo se puede hacer con la parte frontal de la placa de cocción. Muchas veces, lo único que delata la ubicación de la zona de cocción es la presencia de los quemadores.

DERECHA: *En este ejemplo se han instalado frentes de armario y falsos cajones en la parte baja de la placa de cocción para mantener la armonía con el resto de muebles de esa hilera, mientras que el extractor se aloja en medio de un conjunto decorativo que también combina con el resto del mobiliario.*

Placas de cocción y extractor separados

La alternativa evidente a la opción de placa de cocción y extractor integrados será la formada por un conjunto de extractor y placa o zona de cocción, bien diferenciado visualmente, pero que armonice con el diseño total de la cocina. En estos casos el extractor suele ir alojado en una campana que, además de absorber y eliminar los humos, puede proporcionar iluminación extra.

DERECHA: *Aunque la cocina con horno y el extractor son elementos claramente diferenciados, esta combinación sigue estando en consonancia con el estilo global de la cocina. Además, los fabricantes han diseñado este conjunto como una cualidad más que actuará de foco de atención visual de toda la cocina, porque al fin y al cabo cocinar es su principal finalidad.*

Electrodomésticos integrados

Los lavaplatos y las lavadoras no son los accesorios más estéticos de una cocina, y suele ser conveniente integrarlos en una hilera de muebles bajos de cocina. Los fabricantes ofrecen muchos diseños de frontales con puerta y cajones para ocultar estos aparatos, y lo mismo puede hacerse con los frigoríficos y congeladores.

IZQUIERDA: *El lavaplatos de esta cocina se oculta en la hilera izquierda de muebles, bajo un panel que simula una puerta, de modo que sólo se ve el cuadro de mandos negro. Integrar un lavaplatos para que no se vea ayuda a mantener la apariencia visual de uniformidad de cocina, al tiempo que ayuda a aprovechar mejor el espacio disponible.*

colocación de fregaderos ⟋⟋⟋

Lo primero que hay que hacer al ir a colocar un fregadero es medir y cortar cuidadosamente el agujero en la encimera, dentro del cual tendremos que instalarlo. También habrá que prestar mucha atención a los diferentes elementos que componen el conjunto: la forma en que van instalados los grifos y la colocación del tubo de drenaje, para que finalmente podamos conectar con éxito este elemento a la tubería de agua y al desagüe.

✋ Consejo de seguridad

Cuando se trate de un fregadero metálico o si hay alguna tubería de metal, todos ellos deben estar correctamente conectados a tierra por razones de seguridad. Para hacerlo contacte con un electricista bien cualificado.

Herramientas para el trabajo

Cinta métrica y lápiz

Taladro sin cable

Sierra de calar

Brocha

Destornillador

Llaves inglesas

1 Es muy frecuente que junto con el material para la instalación del fregadero venga una plantilla de papel para guiarse a la hora de cortar el hueco en la encimera. Si no fuese así, coloque el fregadero boca abajo sobre el punto de la encimera en el que irá instalado. Mida las distancias al borde exterior y al fondo de la encimera, para estar seguro de que su posición es equidistante entre estos dos límites. Verifique también que la colocación sea correcta respecto al mueble que le sirve de base.

2 Dibuje una línea a lápiz alrededor del fregadero, teniendo cuidado de que no se desplace de posición mientras se dibuja esta línea.

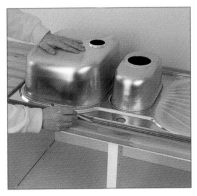

3 Mida también la anchura de la pestaña de alrededor del fregadero y sobre la que se apoyará éste una vez instalado sobre la encimera. Retire el fregadero y dibuje, en el interior de la primera línea, una segunda línea que corresponda a la medida de la pestaña.

4 Utilice un taladro con broca plana para perforar agujeros en la encimera en los ángulos de la segunda

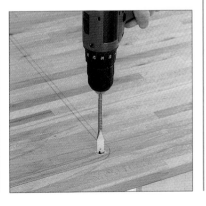

línea a lápiz. Estos agujeros servirán para introducir la cuchilla de la sierra de calar. Tenga cuidado de no perforar fuera de los límites de la línea a lápiz que sirve de guía.

5 Corte alrededor de la línea guía para poder retirar la porción de encimera correspondiente a la parte interior de línea guía. También vigile que esta porción de encimera esté bien apoyada cuando se aproxime al final del corte, para evitar que se rompa o astille.

6 Si el fregadero se va a instalar sobre una encimera de madera, como la que se muestra aquí, hay que aplicar una capa de aceite para impermeabilizarlo y que la madera no se empape cuando el fregadero esté en uso. Ahora hay que prestar atención al fregadero mismo.

7 Instale en el fregadero los grifos que haya elegido. Asegúrese de que la tuerca posterior y las correspondientes juntas estén instaladas en la parte inferior del grifo, y de que los tubos de suministro de agua estén bien conectados. Como los tipos y modelos de grifo varían mucho, tendrá que tener en cuenta las instrucciones específicas del fabricante.

8️⃣ Ahora instale el drenaje del fregadero siguiendo también las instrucciones del fabricante.

9️⃣ Coloque clips de retención alrededor del borde abultado de la parte de abajo del fregadero.

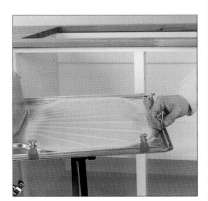

👍

Consejos profesionales

Encontrará mucho más fácil llevar a cabo los pasos necesarios para instalar los grifos, montar los elementos del desagüe y poner los clips de retención (pasos 7 a 9) antes de colocar el fregadero en su posición definitiva, porque las partes que luego van ocultas están todavía accesibles.

🔟 Dar la vuelta al fregadero y colocarlo en su hueco definitivo cortado en la encimera. Deberá encajar fácil y sólidamente.

1️⃣1️⃣ Atornillar los clips de retención en la parte de abajo del fregadero, que deberán unirse con la encimera para formar un sellado estanco al agua. Ahora se puede conectar el fregadero a la tubería de desagüe, y los grifos a la toma de agua. Si el nuevo fregadero está situado en el mismo sitio que el antiguo, será más fácil porque estas tuberías estarán muy cerca. Para más explicaciones sobre cómo conectar estos conductos y, si fuese necesario, cómo modificar su trazado, ver páginas 42-43. Si surge alguna duda consúltela con un profesional para que la resuelva.

FREGADEROS REVERSIBLES

Algunos fregaderos ofrecen la posibilidad de ser reversibles, ya que presentan agujeros cortados para los grifos en ambos lados; de este modo se puede dar la vuelta al elemento para colocarlo con el desagüe para un lado o para otro. Si usted tiene este tipo de fregadero, tendrá que fijar una tapa de metal para tapar y sellar el agujero que no se emplea, antes de efectuar la conexión final.

Este fregadero ya instalado presenta frontales con puertas de armario y falsos cajones para sugerir la idea de una hilera continua de armarios bajos. Los cajones simulados se sujetan con abrazaderas especiales.

módulos de cocina y horno ⁄⁄⁄⁄

Si usted desea conseguir una impresión nítida y compacta para su cocina, entonces instalar un módulo de cocina y horno ayudará considerablemente a conseguir esta meta. El efecto de integración se consigue por el hecho de que la placa y el horno se ensamblan o aparentan estar ensamblados dentro del aspecto general de toda la hilera de muebles. Algunos fabricantes producen elementos especiales para empotrar estos aparatos, y en el caso concreto de los hornos existen incluso sistemas de soportes para sujetar el horno entre dos armarios bajos. Sea cual sea el diseño que usted elija, necesitará asegurar el correcto suministro de gas o electricidad, para lo que seguramente hará falta algún tipo de ayuda profesional. (Para este propósito ver también las páginas 42-43)

Placas de cocción

La operación de corte en la encimera, para alojar una placa de cocción, es muy similar a la que se explica para encastrar un fregadero. Se puede usar la misma técnica allí descrita para medir las líneas de guía y cortar el hueco en la encimera en el caso de las placas de cocción. Ver las páginas 72-73 y hacer las adaptaciones oportunas.

Herramientas para el trabajo

Cinta métrica y lápiz

Taladro sin cable

Sierra de calar

Destornillador

1 Es lo usual que los fabricantes fijen unas distancias mínimas entre la pared y el borde de la placa. Este mínimo es imprescindible por razones obvias de viabilidad y seguridad: tiene que quedar suficiente espacio libre para conectar las tomas de gas o electricidad; también hace falta sitio

suficiente para cocinar con comodidad al utilizar los fuegos más próximos a la pared.

2 Una vez cortado el agujero, coloque la placa en él y sujétela a la encimera con clips de retención. Lo siguiente es la correcta conexión al gas o electricidad, para lo que puede hacer falta recurrir a un profesional. Recuerde también que, incluso para una placa de gas como la que se muestra en la foto, hace falta una conexión eléctrica para alimentar el sistema de encendido.

Hornos

Lo más frecuente es que los hornos vayan encastrados en elementos diseñados para este propósito. También pueden ir sujetos entre dos muebles mediante un sistema de carriles. Para utilizar este método, tanto los muebles bajos como la encimera tienen que estar ya instalados, y debe quedar un hueco libre entre dos elementos, que sea de la medida exacta. El sistema de carriles es simple y eficaz, además de ayudar a conseguir un aspecto integrado.

Consejos profesionales

Es mejor instalar el zócalo de una hilera de muebles bajos después de haber instalado el horno, para ajustar la altura de forma que la puerta del horno se pueda abrir y cerrar correctamente. Puede que su horno incluya una rejilla de ventilación; en ese caso siga las instrucciones del fabricante para su correcta colocación en el zócalo.

Herramientas para el trabajo

Taladro sin cable

Cinta métrica y lápiz

Destornillador

Nivel

1 El primer paso es fijar las dos guías verticales a lo largo del borde lateral de cada uno de los muebles situados a los lados del hueco reservado para el horno. Para tener una garantía de precisión conviene, antes de poner los tornillos, hacer agujeros guía usando el taladro sin cable.

2 Fijar en la correcta posición cada una de las dos guías verticales, atornillando a través de los agujeros situados a lo largo de cada una de estas varillas.

3 Marque las posiciones de cada uno de los carriles horizontales; la parte delantera quedará un poco desplazada hacia el interior. Tome las medidas oportunas para garantizar que los carriles estén correctamente nivelados y a la altura recomendada por el fabricante para el tipo de horno a instalar.

4 Como la vez anterior, haga agujeros guía para las sujeciones y atornille los carriles horizontales en su sitio.

5 Compruebe que hay suficiente profundidad entre el borde exterior de la encimera y la pared del fondo para que el horno quepa sin problemas.

6 Ponga los demás carriles a lo largo del borde inferior de las caras laterales del propio horno; estos carriles los suministra normalmente el fabricante del horno. Siga las instrucciones para estar seguro de que se colocan correctamente y a la altura exacta.

7 Levante y deslice el horno en su sitio de forma que los carriles del horno se apoyen sobre los carriles de los muebles.

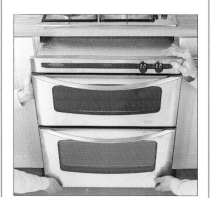

8 La parte frontal del horno deberá superponerse sobre los carriles verticales instalados a los lados de los muebles. Taladre un agujero guía a través de los puntos señalados en el borde del horno y sobre las guías verticales instaladas en el punto 1. Utilice una broca apropiada para perforar la chapa metálica de los carriles.

9 Por último, coloque los tornillos en los agujeros a través de la solapa y encajando en los carriles verticales, y de este modo el horno queda asegurado en su sitio.

Consejos profesionales

Instalación holgada: Las tomas de gas y electricidad deberán conectarse antes de que el horno esté definitivamente instalado. Como montar una cocina es un proceso muy exacto, habrá que asegurarse de que se ha dejado suficiente espacio libre detrás del horno para que quepan estas tomas. Por ello, es mejor instalar el horno primero para asegurarse de que cabe todo, y después se saca temporalmente el horno para acceder fácilmente cuando haya que hacer la conexión.

extractor con campana 〃

Uno de los aspectos cruciales del diseño e instalación de las modernas cocinas es la colocación de aparatos diseñados para asegurar una buena ventilación, que va unido a la eficacia creciente de las técnicas de aislamiento de las casas. Hasta hace poco, las corrientes de aire naturales eran suficiente para evacuar los humos, pero en la actualidad se requiere algún medio mecánico de ventilación que garantice una correcta renovación del aire. Los primeros modelos no eran muy bonitos, pero los sistemas de ventilación más recientes son atractivos, prácticos y contribuyen a mejorar la apariencia de la cocina.

Los sistemas de ventilación se venden como un diseño integrado, en el que el aparato está empotrado en una hilera de elementos, o bien para instalarlo en una campana. Los dos diseños básicos se pueden usar indistintamente con un extractor con salida al exterior, o con uno de filtro. El ventilador con salida implica la instalación de un conducto que vaya desde el extractor hasta el exterior de la casa. Para ello habrá que hacer un agujero en el muro capaz de alojar un ventilador, lo que implica bastante trabajo. La alternativa será emplear un sistema de recirculación de aire que lo hace pasar a través de una serie de filtros de carbón. Estos filtros están instalados en el interior de la campana y son fácilmente accesibles, por lo que no se necesita conducto de salida. La mayoría de los modelos de campana sirven para alojar cualquiera de los dos sistemas, y siempre se pueden hacer pequeños ajustes durante el proceso de instalación.

Herramientas para el trabajo

Cinta métrica y lápiz
Nivel
Taladro sin cable
Destornillador

1 El fabricante señalará la distancia mínima admisible entre el borde inferior de la campana y la encimera. Mida esta distancia desde la encimera hasta arriba y márquela sobre la superficie de la pared. Señale la parte central del hueco disponible para la campana.

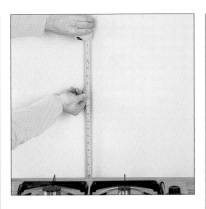

2 Pegue en la pared la plantilla que se suministra con el aparato usando cinta adhesiva, y marque a través de esta plantilla los puntos de fijación.

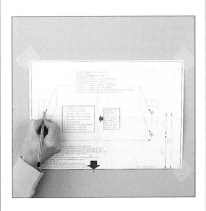

Consejo de seguridad

Es indispensable que su cocina tenga suficiente ventilación, especialmente si se trata de una cocina con instalación de gas. Si tiene alguna duda sobre cuál es el sistema más adecuado, pida consejo a un profesional.

3 Haga agujeros en la pared en los puntos marcados y coloque tacos de pared del tamaño apropiado, según que la pared sea hueca o sólida.

4 Atornille en la pared los soportes para sujetar la campana, vigilando que estén verticales y bien sujetos.

5 Ponga la campana en su sitio y fíjela sobre los soportes de la pared. Necesitará que le ayude alguien

a levantarla y compruebe que está bien centrada en relación con la placa de cocción.

6 Normalmente hace falta poner más tornillos de sujeción en el interior de la campana para apretar los enganches entre la campana y los soportes de pared. Conecte la alimentación eléctrica del extractor pidiendo ayuda a un profesional si lo necesita. Si escogió un sistema de ventilación con salida exterior, también tendrá que conectar el tubo de salida desde el aparato al exterior.

7 Coloque el tubo vertical de la campana encajándolo en la parte de arriba de la campana. Normalmente hace falta sujetar un soporte en el techo. Para ello dibuje una línea vertical desde el punto medio de la campana hasta el techo, y allí se colocará el soporte.

8 Deslice la campana en su sitio y extienda sus componentes para unirlos al soporte del techo. El tubo vertical de la campana se fabrica en dos partes que se deslizan una sobre la otra para poder ajustar la altura fácilmente.

9 Encaje los agujeros de la parte de arriba del tubo vertical de la campana, para que se fije en el soporte del techo.

10 Con la campana ya instalada en su sitio, lo único que falta por hacer es poner los filtros de carbón en el interior del extractor.

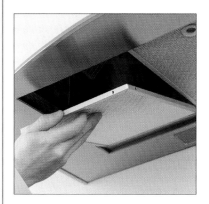

Consejo de seguridad

Para un funcionamiento óptimo hay que cambiar los filtros de carbón cada cierto tiempo. El fabricante le informará sobre la duración de estos materiales y las recomendaciones para renovarlos con la frecuencia apropiada. Siga estas indicaciones.

Un buen extractor con campana da un aspecto impresionante a su cocina, y si además se añade un punto de iluminación, facilita enormemente la tarea de ponerse a cocinar.

colocación de lavaplatos y lavadora ✂✂

Tanto la lavadora como el lavaplatos aparecen en la mayoría de las modernas cocinas, y los dos necesitan conectarse a una toma de agua y a un desagüe, que normalmente se sitúan cerca del fregadero de la cocina. La conexión de cada uno de estos electrodomésticos es muy parecida y en ambos casos el grueso del trabajo consiste en hacer llegar las tuberías a las uniones correctas.

Aparatos de lavado

Las lavadoras necesitan generalmente una toma de agua fría y otra de agua caliente, mientras que la mayoría de los lavaplatos sólo necesitan suministro de agua fría. La colocación ideal sería tener estas tuberías de agua como desviaciones de las conducciones de entrada de agua al fregadero. Estas tuberías se sitúan generalmente entre la válvula de corte y los grifos, y van unidas por medio de una conexión en forma de T, que desvía los conductos de agua horizontalmente, separándose de la tubería principal vertical del fregadero. Se necesita una conexión de grifo a rosca al final de estas tuberías horizontales de suministro, de forma que la toma para el aparato electrodoméstico se puede unir fácilmente y que una vez que se abre el grifo el agua pasa. Para conectar las mangueras de desagüe al punto apropiado bajo el fregadero, deberá haber espacio suficiente para poder acceder.

Herramientas para el trabajo

Taladro sin cable

Alicates de pivote deslizante

Destornillador

1 Utilice una sierra o un taladro con broca grande y plana para hacer agujeros del diámetro apropiado en el panel trasero del elemento. En este caso estamos instalando un lavaplatos que necesitará dos agujeros, uno para la tubería de agua fría y el otro para la manguera de desagüe.

2 Deslice la manguera de desagüe y la tubería de entrada de agua a través de esos agujeros. Para ello el lavaplatos deberá estar colocado cerca de la pared, lo que suele ocasionar un acceso incómodo, aunque tanto la toma de agua como la manguera de desagüe tengan largura de sobra.

3 Generalmente hace falta poner un filtro de goma dentro de la conexión para suministro de agua fría. Este filtro sirve para impedir que las impurezas entren al mecanismo de lavado y lo puedan dañar. Una vez en su sitio, el filtro se puede roscar fácilmente en el extremo roscado de la tubería de agua fría.

4 Conecte la manguera de desagüe a un adaptador en el sifón del fregadero. Asegúrese de que la manguera sale verticalmente del lavaplatos, y de que se une al sifón a una altura entre 30 y 80 cm. No acorte nunca la manguera suministrada por el fabricante, aunque parezca larga.

Lavaplatos integrado

El lavaplatos integrado presenta una puerta frontal en el mismo acabado que el resto de la cocina, de modo que no se destaque sobre el conjunto de muebles. La instalación de tuberías es básicamente la misma, aunque hará falta un poco de trabajo para ajustar el nivel de lavado y para colocar la puerta.

Herramientas para el trabajo

Taladro sin cable

Lápiz

Alicate de pivote deslizante

1 Conviene poner una banda de condensación para proteger la superficie de encima del lavaplatos de los daños causados por el vapor y el agua. Usaremos una tira autoadhesiva de plástico, pero también existen en el mercado tiras de metal que van atornilladas.

2 Si fuese necesario, atornille las patas del lavaplatos en los agujeros de la base. Procure poner estas patas a la misma altura aproximada. La máquina deberá estar inclinada hacia atrás para este proceso. Coloque el lavaplatos delante de su hueco y ajuste las patas para conseguir una nivelación perfecta a la altura correcta. La nivelación es crucial para asegurar una posición óptima de funcionamiento y garantizar que la puerta ajuste bien y esté alineada con el resto de elementos.

3 Conecte la toma de agua e instale la manguera de desagüe por el método ya explicado. A continuación ponga el lavaplatos en su posición para colocarle la puerta. Los diseños de panales para cubrir lavaplatos pueden ser de dos tipos: de una sola puerta, o combinando una puerta y un cajón simulado. En este último caso habrá que unir estos dos elementos entre sí con enganches metálicos. Sólo queda colocar todo ello en su posición correcta bien alineado con los demás cajones y puertas, y atornillarlo de manera que quede sólido y bien nivelado.

4 Utilice la plantilla que suministra el fabricante para marcar las posiciones correctas de los enganches de sujeción en la parte trasera de la puerta.

5 Atornille los enganches de sujeción en los puntos marcados con la plantilla. A continuación coloque los tiradores y manillas usando la técnica de las páginas 54-55.

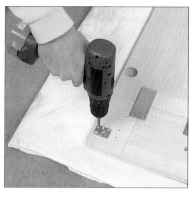

6 Apriete y encaje la puerta en su posición sobre el frontal del lavaplatos, uniendo los enganches de sujeción con los correspondientes agujeros del lavaplatos.

7 Si lo considera apropiado para el diseño de la puerta, fíjela desde dentro de la tapa del lavaplatos y hacia la parte de atrás del frontal.

PUERTAS INTEGRADAS O PANELADAS

Los paneles para recubrir puertas de electrodomésticos pueden usarse también para integrar neveras o congeladores. Las lavadoras suelen tener una puerta con bisagra, que se une al mueble de cocina de manera similar.

colocación de suelos

De todas las habitaciones de una vivienda, la cocina es la pieza cuyos suelos sufren indudablemente un mayor desgaste. Por tanto, cuando se consideran diferentes opciones para colocar un suelo en un entorno de cocina, los factores más importantes al tomar una decisión deben ser las propiedades de resistencia al desgaste del material. Cada tipo de recubrimiento requiere una técnica de extendido diferente, pero, cualquiera que sea el material, una terminación atractiva y durable se logra tanto en la etapa de planificación detallada del trabajo, como en la instalación y acabado propiamente dichos. Este capítulo detalla las principales opciones disponibles y describe las técnicas correctas para obtener los mejores resultados.

Una combinación de baldosas grandes y pequeñas produce una superficie de suelo de diseño sutil y durable.

opciones de suelos

El gran énfasis puesto en tener un suelo de cocina de gran resistencia al desgaste no significa que tenga que haber una gran limitación en la selección disponible. El solado es un sector creciente en el mercado de la mejora de viviendas, y las cocinas no están excluidas de esta categoría. De hecho, muchos desarrollos en el campo de materiales para suelos se han hecho pensando en el uso específico en cocinas. Tomando como ejemplo el de los suelos laminados, hasta hace poco no se recomendaban para suelos de cocinas, y, sin embargo, actualmente se fabrican con ese propósito.

Laminados

Diversos tipos de suelos laminados se fabrican en la actualidad para uso específico en cocinas. Además de dar un aspecto de acabado atractivo, los suelos laminados se limpian con mucha facilidad y requieren poco mantenimiento. Sin embargo, cuando seleccione el suelo, conviene comprobar que el diseño específico es idóneo para su utilización en la cocina. Muchos tipos se suministran sellados, por lo que, una vez extendidos, no requieren un trabajo adicional. Otros tipos pueden necesitar un barnizado periódico para mantener la superficie en buen estado.

DERECHA: *La principal ventaja de un suelo laminado es que mezcla bien con otros acabados y, por tanto, puede usarse específicamente para lograr un esquema de buena integración en el diseño de la cocina.*

Vinilo

Dado que el vinilo se extiende en forma de láminas, con toda la superficie de la cocina cubierta en ocasiones por una sola pieza, proporciona una barrera impenetrable para prevenir que se salpique la superficie bajo el solado. De este modo, el vinilo es excepcionalmente fácil de mantener limpio, proporcionando, al mismo tiempo, una sensación algo más blanda y cálida en comparación con los suelos de baldosas o laminados. Se dispone de una amplia gama de espesores y colores. Como regla general, a mayor espesor de vinilo, más calidad.

IZQUIERDA: *La gran variedad de diseños y colores de los suelos de vinilo permite que este tipo de suelo se pueda utilizar para combinarlo con casi cualquier estilo de cocina. En la foto aparece un suelo de vinilo en color liso y en una tonalidad fría, que se combina con un adorno en laminado de madera que bordea los muebles de cocina.*

Baldosas

Como puede suponerse, las baldosas son extremadamente durables y dan un carácter sólido y definitivo al acabado del suelo de la cocina. Un suelo de baldosas consigue siempre un equilibrio estupendo en el entorno de la cocina y hace resaltar los muebles de cocina, proporcionando una base idónea a la apariencia general de la cocina. La calidad varía con el espesor de las baldosas, y algunas pueden requerir un sellado antes y durante su colocación.

Losetas blandas

Las losetas blandas están en la frontera entre las baldosas y el vinilo. Aunque producen un efecto de suelo de baldosas, y se colocan con una ordenación de trabajos similar, las losetas blandas a menudo dan la misma calidad de acabado de un suelo con lámina de vinilo. Si desea la apariencia de las baldosas, junto con la sensación bajo sus pies, blanda y cálida, proporcionada por el vinilo, ésta es una opción ideal.

ARRIBA: *Las baldosas se pueden colocar formando diseños tradicionales o, por el contrario, en un diseño que imita la colocación de los ladrillos, para un efecto más original. Cualquiera que sea la forma de colocar estos suelos, su durabilidad les convierte en los más apropiados para las cocinas.*

DERECHA: *Los suelos pintados proporcionan un acabado con una maravillosa textura, que combina particularmente bien con diseños de cocina que intentan lograr un estilo muy tradicional.*

ABAJO: *Siempre que estén correctamente colocadas, las losetas blandas aportan todas las ventajas de los suelos de vinilo y son apropiadas para casi todas las cocinas.*

Tarima de madera

La tarima puede ser una opción de solado de la cocina económica y efectiva. Si mantiene el entarimado original, le basta con preparar la superficie y aplicar la pintura, tinte y/o barniz correctos, para obtener un producto final apetecible y durable. Aunque necesitará dar alguna nueva capa periódicamente, para mantener la calidad del acabado, el entarimado representa una opción atractiva, especialmente en el caso de un presupuesto apretado.

materiales bajo el solado ⁄⁄

Antes de colocar el suelo en la cocina, se necesitará preparar la parte que quedará bajo el solado, de modo que resulte adecuada para recibir la cubierta seleccionada. En la mayor parte de las viviendas, esta base será de tablas de madera: bien de tarima de madera tradicional, bien de otros tipos de tabla como las de aglomerado, o formada por una base maciza de hormigón.

Base de hormigón

La cantidad de preparación necesaria en el caso de tener una base de hormigón, dependerá del material de suelo escogido. Si se va a extender un suelo de baldosas, el acabado del hormigón no tiene que ser tan fino como si se piensa colocar vinilo. Aunque siempre conviene aplicar un componente autonivelante al hormigón bruto, en el caso de baldosas puede ser suficiente eliminar puntos altos y rellenar agujeros.

Herramientas para el trabajo

Equipo de protección

Mazo y escoplo con protección.

Paleta de albañil en punta

Brocha

Cubo

Taladro de potencia y accesorio mezclador

Llana

1 Elimine a golpes cualquier punto alto de la superficie del hormigón, utilizando mazo y escoplo con protección. Lleve guantes y gafas de protección ocular para protegerse de los trozos que puedan saltar.

2 Rellene cualquier depresión con una mezcla de mortero o componente autonivelante, mezclado para tener mayor consistencia.

3 Barra el suelo con energía hasta dejarlo completamente limpio, aplique una capa de disolución de pva (una parte de pva y cinco de agua) para sellar la superficie de hormigón.

👍 Consejos profesionales

Las trazas de material asfáltico de recubrimientos de suelo anteriores pueden reaccionar con el componente autonivelante y los adhesivos, impidiendo la correcta colocación del nuevo material de suelo. Elimine previamente todas las trazas de material asfáltico o aplique un sellador adecuado.

4 Cuando haya secado completamente la disolución de pva, prepare una mezcla del compuesto autonivelante, siguiendo las instrucciones del fabricante. Esto puede realizarse a mano, pero la forma más fácil es usar el taladro de potencia con un accesorio mezclador.

✋ Consejo de seguridad

Para evitar que le salpique la mezcla de compuesto autonivelante, se debe arrancar y parar el taladro con el accesorio mezclador introducido en el cubo, por debajo de la superficie del compuesto.

5 Vierta inmediatamente el compuesto mezclado a lo ancho de la superficie del suelo, y nivélelo con una llana. Después de frotar con cierta energía con la llana, la estructura autonivelante del compuesto se desarrollará, formando una superficie perfectamente nivelada. Deje que seque durante una noche. Lije entonces cualquier zona que haya quedado basta, antes de iniciar la cubrición con el suelo elegido.

Bases de madera

Bases de madera

Herramientas para el trabajo

Martillo de pestaña

Taladro/destornillador sin cable

Navaja o cúter

Borde recto (regla)

Los suelos de baldosa no admiten ninguna elasticidad en la base sobre la que van a ir instalados, y aunque los de vinilo admiten mayor tolerancia, cualquier imperfección en la superficie de esta base se verá demasiado al colocar el vinilo. La mejor forma de conseguir la lisura y rigidez que requiere una buena base de madera sobre la que instalar un suelo, es cubrir las tablas viejas con otras de construcción o con cartón piedra.

Preparación del suelo

1 Quite cualquier clavo roto o viejo del suelo existente. Un martillo de pestaña es normalmente la herramienta idónea para sacarlos, haciendo palanca.

2 Use tirafondos normales para unir cualquier tabla que esté floja. Asegúrese de que el tornillo queda apretado contra la vigueta situada bajo el nivel del suelo.

Consejo de seguridad

Tenga cuidado de no dañar tuberías o cables al hacer uniones en el suelo. Use un detector de viguetas y cables para prevenir que suceda un accidente.

Colocación de los tableros de cartón piedra

1 Es más fácil, en general, trabajar con tableros de 120 x 60 cm, ya que son más fáciles de trabajar que las piezas de mayor tamaño. Grápelos o clávelos a la tarima existente, con centros cada 10 cm.

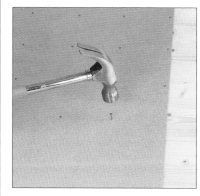

2 Coloque los siguientes tableros de modo que las juntas queden a paño, de modo que éstas queden escalonadas entre filas sucesivas.

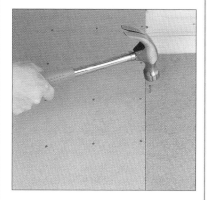

3 Para cortar los tableros, simplemente marque una línea con el cuchillo o cúter, y tire del tablero y rómpalo a lo largo de la línea.

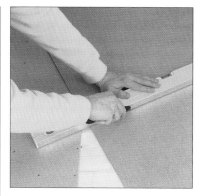

4 Retire el zócalo de los muebles de cocina e introduzca los tableros ligeramente por debajo. Esto permitirá extender el suelo bajo los muebles para tener un acabado limpio. La holgura bajo el zócalo debe poder acomodar el espesor de la base bajo el suelo y el solado (ver páginas 62-63).

TIPOS DE TABLEROS

• **Cartón piedra:** Se suministra en dos formas diferentes: calidad estándar y calidad de suelos. Esta última es algo más cara, pero proporciona una base mejor y más rígida. En el caso de utilizar cartón piedra estándar, puede tener que remojarlo, antes de su instalación.

• **Contrachapado:** De mayor espesor que el cartón piedra, puede necesitarse su mayor rigidez para mantener la superficie de suelos de baldosas. El contrachapado se instala de modo similar al indicado para el cartón piedra, pero los paneles suelen ser de mayor tamaño y tendrá que cortarlos con una sierra de calar o un serrucho. En la colocación de suelos de baldosas, el espesor mínimo del contrachapado debe ser de 12 mm.

colocación de suelo de vinilo ⟋⟋⟋⟋

La combinación de la suavidad y la durabilidad hacen del vinilo en láminas una selección muy aceptable para suelos. La instalación de un suelo de vinilo no es sencilla, especialmente cuando el espacio para errores en el corte del vinilo es mínimo. Hace falta mucho tiempo en la planificación y colocación de este tipo de suelo. El vinilo de alta calidad suele ser de mayor espesor, lo que conlleva una instalación más difícil, si bien el producto final es de una calidad muy superior.

El vinilo debe extenderse siempre sobre bases de cartón piedra o contrachapado, que deben limpiarse con mucha atención antes de colocar el vinilo, para prevenir que el polvo o piedrecillas se claven en la parte inferior. El suelo de vinilo puede colocarse antes de la instalación de los muebles de cocina, pero se corre el riesgo de rasgar el vinilo durante la instalación, lo que conllevaría pérdidas considerables. Es mejor cortar alrededor de los muebles de cocina, dejando exceso suficiente para que el vinilo se solape ligeramente bajo los muebles, tras su colocación. Sin embargo, en el caso de muebles independientes, o si los elementos no tienen zócalo, el vinilo deberá colocarse antes de la instalación de los muebles.

Consejos profesionales

• El vinilo se dobla mejor a temperaturas templadas, por lo que conviene calentar la habitación antes de su instalación.

• Uno de los aspectos más difíciles de la colocación del vinilo es la de lograr un pliegue preciso. Un buen truco es el de calentar el vinilo a lo largo de las juntas con ayuda de un secador de pelo. Esto aumenta la flexibilidad del vinilo, facilitando su encaje en las juntas.

• Cambie con frecuencia las hojas del cúter o del cepillo, ya que, una vez melladas, pueden producir desgarros en lugar de un corte preciso en el vinilo.

Herramientas para el trabajo

Lápiz

Tijeras

Escoplo con protección y cúter o cuchillo o cepillo para vinilo

1 Use papel de periódicos o de forrar para hacer una plantilla del suelo de la cocina. Desarrolle el papel y únalo con cinta de carrocero, permitiendo que monte ligeramente sobre la parte inferior de la superficie de la pared, formando un zócalo. Pliegue alrededor de esta junta, y haga una línea de referencia con el lápiz para mostrar la posición exacta de la unión del suelo y el rodapié. Corte a lo largo de esta línea alrededor del perímetro completo de la plantilla para disponer de una réplica del tamaño del suelo.

2 Una con cinta el vinilo a la plantilla. Corte el vinilo alrededor de la plantilla, dejando un exceso de 5 cm para el ajuste final. Si el vinilo presenta un dibujo geométrico, alinee la plantilla para asegurarse de que el dibujo del vinilo queda en la posición deseada. Encontrará más fácil este proceso si el

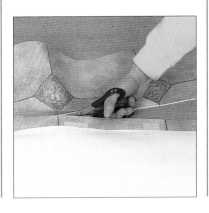

vinilo se extiende en una habitación aparte, de modo que se pueda presentar la plantilla completa con el vinilo completamente plano.

3 Tras cortar el vinilo a su tamaño, extiéndalo sobre la cocina, permitiendo que el exceso se solape con la junta pared/zócalo. Trate de hacer un pliegue ligero en el vinilo, a lo largo de la juntura, de modo que se mantenga en posición.

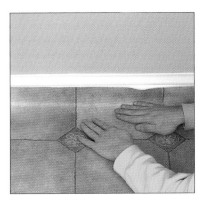

4 Corte el vinilo para ajustarlo; primeramente presiónelo firmemente en la unión zócalo/suelo con ayuda de un escoplo, cortando sobre la hoja de éste con el cúter. Vaya cortando a lo largo de toda la junta, gradualmente, ajustando el corte cuanto sea posible.

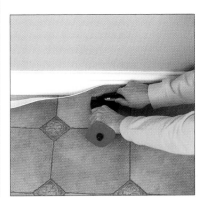

CEPILLOS PARA ESPECIALISTAS

Pueden comprarse cepillos especiales para cortar el vinilo que pliegan en su lugar, al tiempo que usted corta a lo largo de la junta.

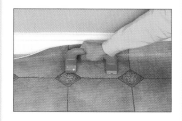

5 Se puede emplear adhesivo para asegurar el vinilo, pero, a menudo, los vinilos resistentes no necesitan ser pegados. Aquí se ha utilizado, a lo largo del borde, cinta adhesiva por ambas caras. Estire del borde de vinilo; aplique la cinta de doble cara a la base, junto a la junta de solape; a continuación, retire la protección de la segunda cara de la cinta adhesiva y apriete firmemente el vinilo en su posición.

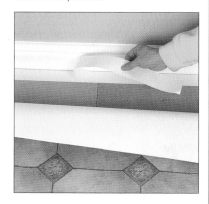

6 Recorte el vinilo bajo los muebles, cortando alrededor de las patas. El objeto de esto es lograr un ajuste claro y estanco con el zócalo.

7 En habitaciones especialmente grandes, puede tener que extender dos hojas de vinilo para cubrir el suelo. La junta entre ambas láminas es un área más propensa a quedar peor fijada. Por ello es importante el asegurar sus bordes de forma muy firme a la base. Puede usarse cinta, pero un adhesivo en spray u ordinario ofrece una unión

más resistente. Levante las láminas y aplique directamente adhesivo a la base, a lo largo de la junta.

8 Vuelva a colocar las dos láminas y presione para formar una junta a tope perfecta. Es mejor hacer la junta con dos cortes hechos en fábrica, ya que serán más precisos que los realizados por usted.

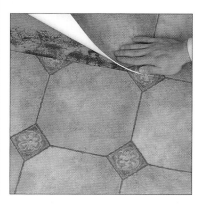

El vinilo proporciona un acabado atractivo a un suelo de cocina y es, al mismo tiempo, duradero y fácil de limpiar. Pueden escogerse vinilos con apariencia de otros acabados, como el de un suelo embaldosado.

colocación de baldosas ✐✐✐

La planificación de la colocación de cada baldosa conlleva el uso de la misma técnica, tanto en el caso de baldosas rígidas, como en el caso de losetas blandas, pero existen marcadas diferencias en la preparación de la base y en los tipos de adhesivos utilizados. Las baldosas rígidas pueden colocarse sobre una base de hormigón liso o sobre una base a la que se ha aplicado en un compuesto autonivelante. Los suelos de madera pueden llevar baldosas, siempre que se haya instalado previamente una base de contrachapado, para dotarles de una superficie rígida. Las losetas blandas son idóneas para su instalación sobre bases de cartón piedra o contrachapado.

Planificación de por dónde comenzar

Normalmente no es una opción válida el comenzar con baldosas enteras en una unión de pared, ya que pequeñas imperfecciones en la corrección del alineamiento a lo largo de esta unión de la pared con el suelo se ampliarán a medida que se avance. Por tanto, se necesita hallar el centro de la habitación y comenzar la colocación de las baldosas desde este punto.

1. Sujete una cuerda impregnada de tiza a dos paredes opuestas, estire bajo tensión y suelte, marcando en la superficie del suelo una línea de referencia.

2. Repita este proceso con las otras dos paredes. Donde se corten estas líneas, estará el punto central de la habitación.

3. Empezando desde este punto central, coloque, sin adherirlas, las baldosas, empezando por la dimensión más larga, y dirigiéndose hacia la pared en que no hay instalados muebles.

4. Trace una nueva línea de referencia, para mostrar la línea de inicio de la primera fila completa de baldosas. Esta línea se ajusta para que los cortes necesarios en los bordes de la habitación sean equilibrados.

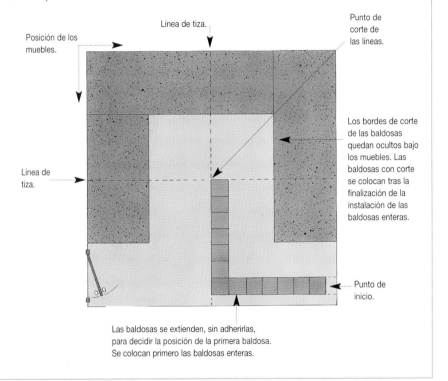

Posición de los muebles.

Línea de tiza.

Punto de corte de las líneas.

Línea de tiza.

Los bordes de corte de las baldosas quedan ocultos bajo los muebles. Las baldosas con corte se colocan tras la finalización de la instalación de las baldosas enteras.

Punto de inicio.

Las baldosas se extienden, sin adherirlas, para decidir la posición de la primera baldosa. Se colocan primero las baldosas enteras.

COLOCACIÓN DE BALDOSAS PREVIA A LA INSTALACIÓN DE MUEBLES DE COCINA

Es posible colocar las baldosas antes de que los muebles de cocina se fijen en su posición. Esto proporciona una buena superficie de nivelación para la instalación de los muebles, pero supone un derroche en baldosas, ya que muchas no se verán nunca. Sin embargo, si su cocina tiene muebles independientes, o no hay zócalo en los muebles de suelo, habrá que embaldosar antes del montaje de los muebles.

Colocación de baldosas rígidas

Las baldosas se colocan normalmente con un adhesivo estándar para éstas, pero para tipos más resistentes, como el indicado en el ejemplo, se recomienda por los fabricantes una mezcla de mortero. Las baldosas no vitrificadas deben sellarse antes de su colocación; en caso contrario, pueden adherirse granos de mortero a su cara superior, durante la instalación, que serían difíciles de limpiar.

Herramientas para el trabajo

Cinta métrica y lápiz

Cordel impregnado de tiza

Extendedor de hormigón

Nivel

Cortadora de baldosas

Extendedor de lechada de cemento y ensamblador de ladrillos

1 Tras calcular la posición de la primera baldosa, de acuerdo con la figura e instrucciones anteriores, comience a

colocar la primera fila de baldosas, a lo largo de la línea de guía. Asegure un listón a lo largo de esta línea de referencia, para tener un buen borde en que apoyar las baldosas. Extienda mortero con un extendedor en la zona en que van a colocarse las primeras baldosas.

2 Coloque en posición la primera baldosa, permitiendo que asiente en el lecho de mortero, hasta que quede firme. Es imprescindible que la primera baldosa quede en su posición exacta, ya que servirá de guía al resto.

3 Continúe colocando baldosas, haciendo comprobaciones con ayuda de un nivel y asegurándose de que todas las superficies se hallan a ras, sin bordes sobresaliendo por encima del

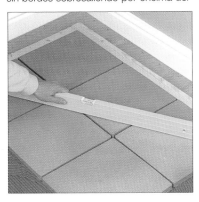

nivel de la superficie o hundidos por debajo. Se pueden usar espaciadores para mantener las distancias entre baldosas, pero, con el tipo de baldosa escogido en el ejemplo, la apreciación a ojo puede llevar a una apariencia menos uniforme y más placentera, al azar.

4 Una vez colocadas todas las baldosas enteras, córtelas y ajústelas con corte. Siempre se debe utilizar una cortadora eléctrica para cortar baldosas gruesas.

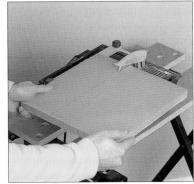

5 La última etapa de la colocación de un suelo de baldosas es echar la lechada sobre ellas. La lechada para la mayor parte de las baldosas se realiza igual que para la mayoría de los azulejos de pared, excepto en las muy resistentes, en las que se necesita una mezcla más gruesa. Forme junturas esmeradas con un ensamblador de ladrillos.

Colocación de baldosas flexibles

Las losetas flexibles pueden unirse con adhesivo, aunque las hay que se suministran con un reverso autoadhesivo. Las losetas con reverso son con mucho las más fáciles de usar,

y no tan sucias de colocar como las losetas estándar. Para determinar el punto de inicio en la colocación de losetas blandas, emplee el mismo método que para las baldosas rígidas, mostrado anteriormente.

Herramientas para el trabajo

Cinta métrica y lápiz

Cuerda impregnada de tiza

Cúter o cuchillo

Regla

1 Retire de la primera loseta el papel del reverso autoadhesivo y póngala en posición en el punto de inicio, presionando fuertemente sobre la base del suelo. Continúe añadiendo losetas, formando el diseño y colocando los bordes a paño, para formar una superficie totalmente estanca.

2 Corte según las necesidades, tras haber colocado todas las losetas enteras. Corte las losetas flexibles con un cúter o cuchillo y regla (por ejemplo, con un listón), teniendo cuidado de no dañar la superficie.

colocación de suelo laminado ⁄⁄⁄

El diseño de suelos laminados ha mejorado enormemente, tanto para facilitar su colocación, como en términos de eficacia como una opción resistente, aunque siempre es importante verificar que la variedad elegida es adecuada para su uso en un ambiente de cocina. Los tipos más tradicionales de tablero laminado son de juntas con pegamento, pero actualmente hay variedades disponibles que simplemente se sujetan unas a otras mediante un clip. Los tableros varían en tamaño, según los fabricantes, con una longitud media de 90 cm.

Planificación de por dónde empezar

1. Si es posible, empiece a extender los tableros contra la pared más larga y más alejada de los muebles de cocina, ya que es mejor no comenzar por el proceso de cortar y recortar. Con un suelo laminado, se notan menos las imperfecciones en la perpendicularidad de la pared, por lo que un rodapié o junta pared/suelo es un punto aceptable de partida.

2. Si hay ondulaciones importantes en la pared, puede tener que separar la línea de inicio, con objeto de lograr un efecto más equilibrado.

3. Extienda una línea cada vez sobre la superficie del suelo.

4. Escalone las uniones para conseguir un aspecto de juntas de ladrillo. Esto añade fuerza y mejora el aspecto.

Los cortes quedan ocultos bajo los muebles.

Una capa inferior se coloca antes que los tableros de laminado.

Líneas escalonadas.

Juntas escalonadas.

Se usan espaciadores entre la pared y el tablero que hace junta. Tras completar el suelo, se retiran los espaciadores y se instala una banda de cubierta.

Los suelos de laminado pueden colocarse sobre el hormigón, siempre que éste esté totalmente seco. El fabricante puede especificar la colocación de una membrana plástica, antes de montar el suelo. Puede instalarse este tipo de suelo sobre cualquier tipo de suelo de madera.

Herramientas para el trabajo

Cinta métrica

Sierra de calar

Martillo

Bloque para golpear

Sierra de inglete

OPCIÓN DE MEMBRANA

Si se requiere una membrana plástica, se debe retirar el rodapié, de modo que la membrana solape en la parte inferior de la pared. Recoloque el rodapié, una vez instalado el suelo.

1 Desarrolle la membrana inferior para cubrir la superficie del suelo. Esto proporciona un almohadillado uniforme, aislante del ruido. Coloque a tope los bordes de rollos sucesivos.

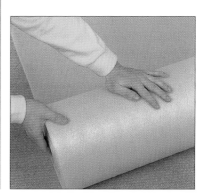

2 En la primera fila de solado, use una sierra de calar para recortar el borde posterior (macho o lengüeta), de modo que encajen perfectamente a lo largo del borde de la pared.

3 Inicie la segunda fila con un tablero cortado, de modo que se escalonen las juntas. Encaje el tramo con la fila anterior, solapando el macho (lengüeta) de uno con la hembra (surco) del otro.

4 Golpee suavemente un tramo para bloquear el tablero en su sitio.

5 Ponga espaciadores a lo largo de la pared lateral, para mantener una holgura uniforme en el extremo de los tableros.

6 Añada el tramo siguiente. Para lograr una junta a tope, golpee el tablero para encajarlo en su sitio, con ayuda de un martillo y un bloque de madera.

7 Una vez unidas varias filas, empuje el suelo, apretándolo contra la pared, manteniendo la holgura perimetral con espaciadores.

8 Continúe montando filas de tramos de laminado, hasta que cubra todo el suelo. Retire entonces los espaciadores e instale una banda de cubrición alrededor de la junta del tablero de rodapié. Las bandas de cubrición suelen ser autoadhesivas, como en el ejemplo, o se clavan en su lugar. Corte las esquinas en inglete para un acabado más limpio.

Los suelos de laminado son fáciles de colocar y proporcionan un acabado durable, impresionante.

suelos de madera ✂

La tablazón de madera, utilizando el entarimado original, puede ofrecer una superficie de suelo de la cocina económica y muy efectiva. La calidad del acabado depende de la cuantía de la preparación. Una superficie ideal para la aplicación de las capas de acabado está constituida por tablas nuevas de tarima. Las tablas antiguas requieren ser decapadas hasta que quede la madera desnuda, antes de aplicar el nuevo acabado.

Preparación de un suelo de madera

Con mucho, la forma más sencilla y rápida de decapar las tablas es utilizando una lijadora eléctrica. Estas lijadoras mecánicas pueden alquilarse relativamente baratas a profesionales o en tiendas especializadas. Además de la lijadora mecánica (o acuchilladora) básica, conviene también alquilar una lijadora de bordes y una lijadora de esquinas, lo que le permitirá acceder a todas las zonas entarimadas, y no sólo a la parte central del suelo.

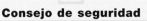

Consejo de seguridad

Las lijadoras deben estar suministradas con un manual de instrucciones y guías de seguridad. Incluso si ha utilizado lijadoras anteriormente, siga siempre muy cuidadosamente las guías e instrucciones, ya que puede haber pequeñas diferencias en los métodos de funcionamiento entre tipos de lijadoras diferentes. En cualquier caso, siempre debe usar, cuando lije mecánicamente, máscara para el polvo, protectores auditivos y protecciones oculares, dado que se trata de una tarea sucia y ruidosa.

Herramientas para el trabajo

Martillo y puntero

Destornillador

Máscara para el polvo

Protectores de oídos

Protectores de ojos

Lijadora de suelos

Lijadora de bordes

Lijadora de esquinas

1 Antes de comenzar a lijar las tarimas, es importante asegurarse de que cualquier cabeza de clavos o tornillos que sobresalga por encima de la superficie del suelo se clave hasta que quede al nivel o ligeramente por debajo de dicha superficie. Si quedan cabezas expuestas, pueden dañar y desgarrar el papel de lija de la lijadora eléctrica. Las lijadoras suelen alquilarse por días, pero las hojas de papel de lija se pagan aparte, como un extra. Desperdiciar hojas, destrozándolas con los clavos que sobresalgan, puede resultar un error bastante caro.

2 Con la lijadora eléctrica desconectada de la red, sujete el papel de lija en el mecanismo de rodillo de la base de la máquina. Los extremos del papel se introducen en ranuras, detrás de una barra metálica, que se aprieta mediante tornillos. Es mejor comenzar a lijar con un papel de grano grueso y reducir gradualmente el tamaño de grano, según vaya completando las pasadas en el suelo. Termine con un papel de grano fino.

3 Arranque la lijadora ligeramente levantada, de modo que el rodillo comience a moverse antes de bajarlo sobre la superficie del suelo. Si el rodillo está tocando inicialmente, puede cortar la madera, dejando una marca en la superficie. Para lograr un acabado uniforme, deslice primeramente la lijadora a través del suelo en un ángulo de 45° con las tablas del suelo. Dese la vuelta y dé una pasada en sentido contrario. Pase por todo el suelo con pasadas en diagonal y termine lijando en la dirección longitudinal de las tablas, en el sentido de la veta. Recuerde que debe cambiar el papel de lija y disminuir el tamaño de grano, según se requiera.

4 Utilice una lijadora de borde para lijar a tope contra los bordes de la habitación. La almohadilla de una lijadora de bordes se mueve en un movimiento orbital, de modo que el borde redondeado permite a la lijadora aproximarse a la tabla del rodapié. De nuevo, el papel se sujeta con un tornillo de fijación. Como en el caso anterior, el tamaño de grano del papel debe irse reduciendo, según vayan quitándose las capas viejas de barniz y tinte.

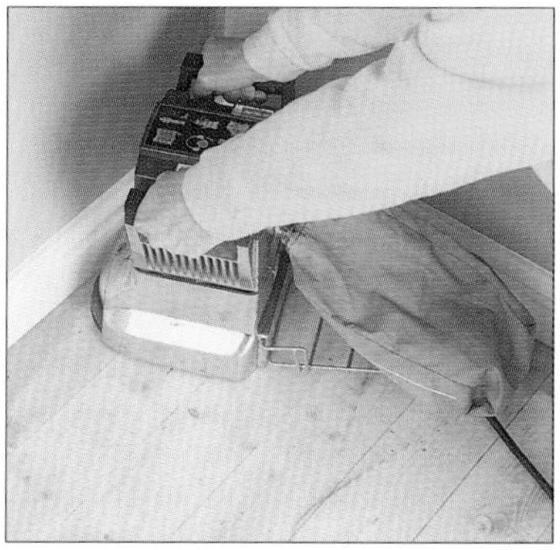

5 Una lijadora de esquinas es la herramienta idónea para acceder a las junturas de los rincones, cuando la lijadora de bordes no alcanza. La terminación en punta de estas lijadoras permite el adecuado acceso. Estas lijadoras manuales son también útiles en los lugares en que el tinte no se quite bien o esté muy adherido, especialmente en depresiones profundas en las que las lijadoras de mayor tamaño pasan por encima.

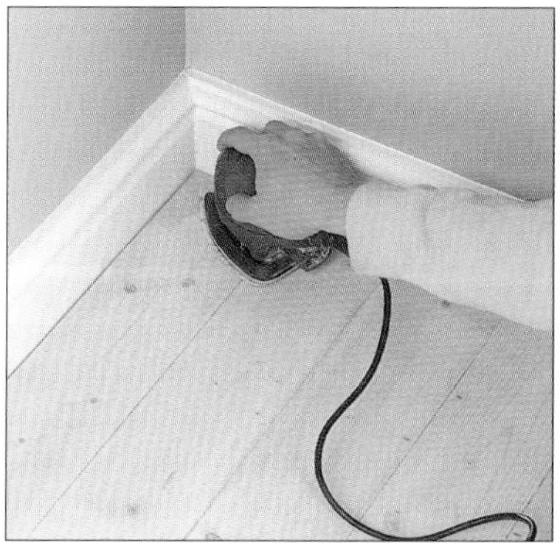

6 Barra el polvo y pase a continuación un trapo humedecido con trementina para capturar hasta el último resto de polvo. Ahora está el suelo listo para aplicar el recubrimiento decorativo.

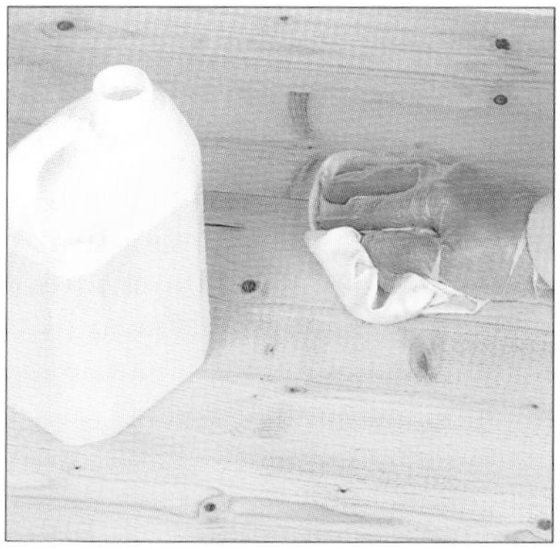

Acabado del suelo

La pintura, el tinte y el barnizado son sólo algunos de los posibles acabados. La cocina es una zona de trabajos duros, y su suelo requiere un acabado resistente. Escoja siempre materiales de calidad, diseñados específicamente para el acabado de suelos.

Herramientas para el trabajo

Brochas
Pistola de sellador

Aplicación de tintes y barnices

Aplique minuciosamente el tinte con la brocha, siguiendo la dirección de la veta en cada brochazo. Pinte cada tabla separadamente, evitando solapes del tinte. Aplique al menos dos manos.

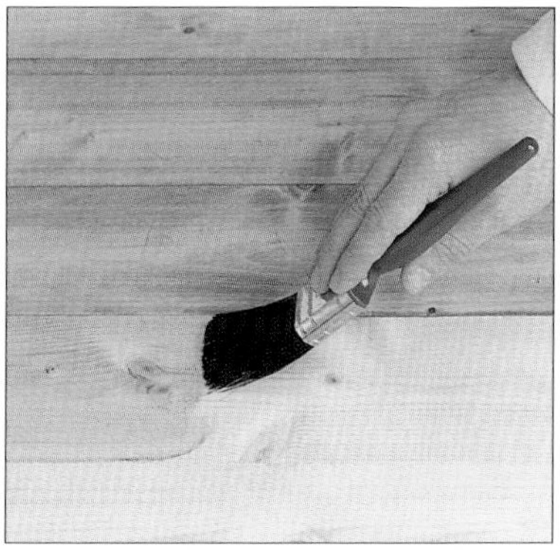

Aplique a la superficie del suelo dos manos de barniz, tanto si ha dado previamente tinte, como si lo aplica directamente. Siga el grano y aplique el barniz con brocha, uniformemente.

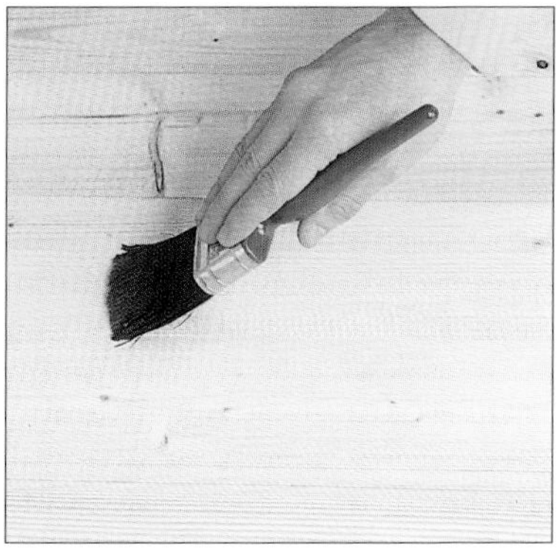

Aplicación de pintura

1 Antes de aplicar la pintura, utilice una pistola de sellador para rellenar grietas grandes u holguras entre tablas.

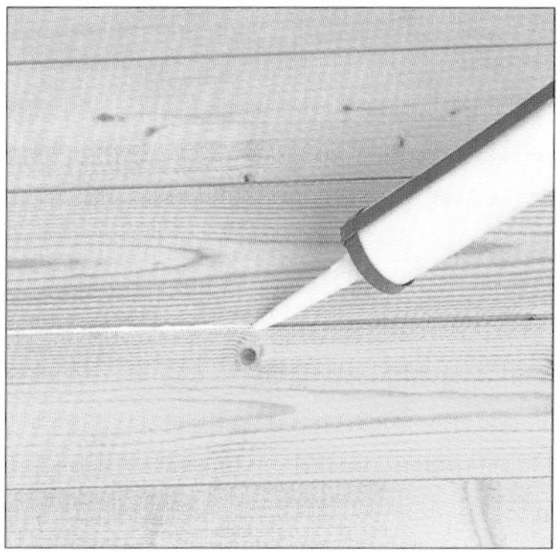

2 Limpie los excesos de material de relleno con una esponja empapada. Limpie frecuentemente la esponja para evitar que se tapone.

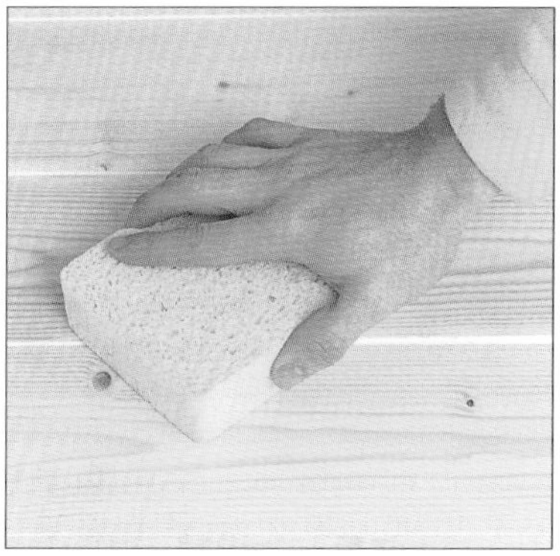

3 Aplique la pintura cuando el relleno esté totalmente seco. No es necesario seguir el sentido del grano, pero trate de extender la pintura con la brocha. La mayor parte de los sistemas de pintado de suelos especifican bien una mano de imprimación seguida de dos capas por encima, o bien, sencillamente, dos o tres capa de terminación..

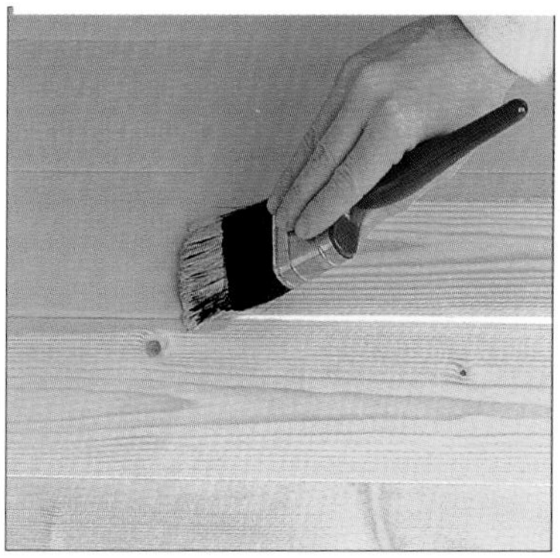

toques finales

En todo trabajo de renovación, los toques finales imprimen un acabado profesional a la labor de construcción bien hecha. Para conseguir un aspecto armonioso, habrá que añadir unos cuantos toques decorativos a los diferentes elementos de la cocina, teniendo especial cuidado con la armonización de colores, cortinas para las ventanas y acabado de las superficies. También se considerará la posibilidad de añadir espacio de almacenaje, tanto por razones prácticas como decorativas. Este capítulo analiza las diferentes opciones disponibles para decorar y añadir espacio de armarios, y da también explicaciones sobre las técnicas correctas para lograr un acabado lo más perfecto posible.

95

Únicamente ha sido alicatada la zona de salpicadura de debajo del extractor, creando un contraste decorativo que se mezcla a la perfección con las paredes.

opciones sobre acabados

La parte de los acabados de una cocina es un conjunto de tareas que abarcan tanto los aspectos decorativos tradicionales asociados a los acabados de una habitación, como la inclusión de mejoras técnicas que ayuden a mejorar la eficacia y funcionalidad de la cocina. La oferta en este terreno es particularmente amplia y variada, por lo que vale la pena tomarse un poco de tiempo a la hora de decidir.

Estantes

De todas las habitaciones de una vivienda, la cocina es quizá la que necesita mayores prestaciones prácticas, y una clave para ello es que tenga las adecuadas zonas de almacenamiento. Los mismos muebles de cocina integrados proporcionan casi siempre el espacio cerrado de almacenamiento que se necesita, pero puede ocurrir que se necesite también una cierta cantidad de superficie de almacenamiento abierta, generalmente en forma de estantes. Esta modalidad de almacenamiento es indispensable para proporcionar facilidad de acceso a los productos y aparatos de uso más frecuente, pero también puede tener una finalidad decorativa. Los modernos diseños de estantes y estanterías ofrecen gran variedad de modelos y tipos, así como una gran cantidad de fórmulas de fijación a la pared.

DERECHA: *Los estantes toman muchas formas y pueden también armonizar con otras superficies de la cocina, si son en el mismo material que para la encimera por ejemplo, o también pueden destacar por contraste. Si se añaden colgadores o ganchos a los estantes, se puede conseguir mayor capacidad de almacenamiento.*

Cortinas

Aunque a menudo puede quedar este punto sin que se le preste la debida atención, al igual que ocurre con cualquier otra habitación de la casa, la cocina necesitará un cierto cuidado a la hora de decorar las ventanas mediante cortinas, persianas venecianas o estores. Todo ello puede ser una fuente de placer creativo, porque el mercado ofrece una gran variedad de posibilidades. Los estores son una bonita opción porque ocupan poco espacio y dejan pasar mucha luz a la habitación, si se desea. Las cortinas también son una buena solución, pero ocupan más espacio, y su colocación puede ser más delicada. Por ultimo, teniendo en cuenta toda la actividad de preparación y cocción de comidas que se lleva a cabo en la cocina, habrá que prestar cierta atención al material que se escoja y a sus características de facilidad de limpieza y colocación, sin olvidar tampoco la seguridad y prevención de incendios.

IZQUIERDA: *En esta cocina, de decoración relativamente sencilla, se usan estores estampados para añadir pinceladas de color y crear un ambiente más cómodo y acogedor.*

Azulejos

Los azulejos se suelen emplear para cubrir una zona de salpicado en la cocina, porque combinan las características de durabilidad, facilidad de limpieza y decoración atractiva. Existe una gran variedad de colores y materiales de azulejos para cocina, de forma que se pueden combinar con los muebles o por el contrario buscar contrastes con estos elementos, mientras que los diseños en relieve o con dibujos añaden opciones más sofisticadas e incluso acabados tridimensionales. Los azulejos representan siempre una elección eficaz, pero se debe ser muy cuidadoso a la hora de establecer el diseño y fijarlos a la pared.

Encimeras

Aplicar algún tipo de acabado a una encimera de madera es fundamental para sellar y proteger esta superficie y de este modo mejorar sus cualidades. Hay diferentes tipos de aceite para este fin y habrá que elegir el color que se desea para este acabado. Por el contrario, puede que usted prefiera poner una encimera de azulejos, que además de resistencia ofrece muchas posibilidades decorativas.

Elementos suspendidos del techo

Nos referiremos aquí al uso de sistemas de almacenamiento que van colgados al techo, lo que ofrece una fórmula para guardar cosas y para mejorar el aprovechamiento del espacio de la cocina. Existen varios sistemas de sujeción para estos elementos suspendidos del techo: soportes, cadenas, ganchos, etc. Todos ellos válidos siempre que exista la absoluta seguridad de que el elemento está firmemente sujeto al techo, lo que normalmente se consigue colocando las fijaciones en las viguetas del mismo.

ARRIBA: *Los azulejos de esta cocina hacen que destaque el color de los muebles y de la encimera, creando un aspecto muy impactante y que contribuye al efecto total de integración.*

IZQUIERDA: *La madera natural combina generalmente bien con la mayoría de las superficies de cocina, tanto si va coloreada como si se respeta su color natural.*

ABAJO: *En esta habitación de techo alto se ha instalado un elemento de almacenamiento de techo que permite aprovechar un espacio que antes no tenía, al tiempo que se crea un gran efecto visual en la cocina.*

colocación de estantes ⚒

Los estantes de cocina se colocan normalmente para proporcionar espacio adicional de almacenamiento que se sumará al total de los armarios de pared. Si el presupuesto es muy ajustado, se pueden usar estantes como alternativa al mueble de pared, y cuando las cocinas son muy pequeñas, en que los muebles de pared quedarían muy comprimidos, unos sencillos estantes ofrecen la mejor solución. Sean cuales sean las razones para haber escogido la colocación de estantes, es muy importante emplear las técnicas de fijación apropiadas para garantizar que los mismos están lo suficientemente bien nivelados e instalados como para soportar el peso que se les coloca.

Aprovechando la encimera

Una buena forma de aprovechar los trozos de encimera sobrantes es hacer con ellos unos estantes. Además, la anchura y profundidad de los materiales para encimera permitirán colocar fijaciones ocultas.

Herramientas para el trabajo

Cinta métrica y lápiz

Sierra de calar o serrucho

Taladro sin cable

Fresadora

Sierra de metales

Dispensador de resina desechable

1 Marque la línea exterior del estante sobre el trozo de encimera y corte por esta línea usando la sierra de calar, aunque también se puede hacer con un serrucho. Utilizando el taladro con una broca de cabeza plana, haga agujeros en el exterior de la línea para que se pueda pasar por ellos la hoja de la sierra de calar. También se puede usar la fresadora para dar un acabado decorativo al borde exterior del estante (vea la página 57 para más información).

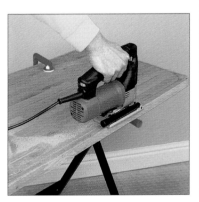

2 Sujete fuertemente el estante recortado a un banco de trabajo y perfore dos agujeros en el borde posterior del estante, usando el taladro con una broca plana. Los agujeros deberán ser un poco más anchos que el perno roscado que servirá de unión con la pared.

3 Corte los dos pernos roscados a la longitud apropiada usando la sierra de metales. Calcular la longitud de los pernos teniendo en cuenta que deberán penetrar en repisa una distancia que sea al menos la mitad de la anchura del estante, y una distancia equivalente de penetración en el muro. Mida y marque la posición de los agujeros del estante en la pared comprobando la alineación y perfore estos agujeros.

4 Introduzca resina en los agujeros de la pared con un aplicador desechable. Introduzca los pernos roscados en los agujeros y deje que se seque la resina. Una vez que los pernos estén fijos, use otra vez el aplicador para poner resina en los agujeros del estante.

5 Alce el estante hasta su posición y encaje los agujeros de la parte posterior sobre los pernos roscados de la pared.

👍
Consejos profesionales

Los tiempos de secado de la resina suelen variar. Siga las instrucciones del producto a fin de garantizar que se espera el tiempo apropiado para que la unión sea sólida.

Estante con fijaciones ocultas

La forma más común de estante suele ser con un soporte visible; sin embargo, se pueden ocultar las fijaciones de este soporte. Una vez más, utilizaremos los trozos sobrantes de la encimera para hacer un estante.

Herramientas para el trabajo

Cinta métrica y lápiz

Sierra de calar o serrucho

Taladro sin cable

Nivel y mininivel

Lezna

Martillo

1 Una vez más mida y marque la línea exterior del estante sobre un trozo de encimera. Sírvase de esta línea para cortar el estante del tamaño correcto, usando la sierra de calar o bien un serrucho. Conviene hacer agujeros con el taladro sobre la línea del estante para introducir la hoja de la sierra de calar. Una vez cortado el estante, hay que centrarse en la colocación de las sujeciones ocultas de los soportes. Sujete sobre la pared una fijación de tornillos del soporte de sujeción y utilice el mininivel para garantizar que está totalmente vertical. A continuación, marque las posiciones de los tornillos con una lezna.

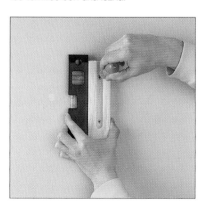

2 Taladre en la pared un agujero del tamaño correcto y ponga unos tacos de pared que deberán entrar empujando con la mano o con la ayuda del martillo.

3 Ahora vuelva a colocar la fijación del soporte y atorníllela en su sitio con fuerza. Compruebe la posición con el mininivel otra vez para asegurarse de que no se ha movido de posición.

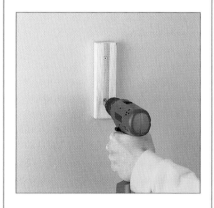

4 Coloque en la pared la fijación del segundo soporte, que quedará al lado de la que ya hemos atornillado. Hace falta colocarla en la posición correcta para que sujete bien el estante. Para ello coloque el nivel encima de las dos fijaciones y compruebe el nivel y la alineación. Marque la posición de los tornillos con la lezna a través de los agujeros de la segunda fijación.

5 Atornille la fijación en su sitio y deslice el soporte sobre ella; coloque también el soporte del otro lado, de modo que sólo falte colocar el estante.

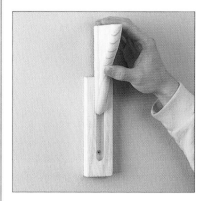

6 Por último, ponga el estante y asegúrelo en su sitio, poniendo unas espigas que unan el estante con la parte posterior del soporte.

OTROS SISTEMAS DE ESTANTES

En los dos ejemplos explicados se ha empleado material sobrante de la encimera para construir estantes adicionales que armonizarán con el conjunto de elementos de la cocina. Sin embargo, la mayoría de los establecimientos de bricolaje ofrecen una amplia gama de sistemas de estantes, y quizá usted prefiera utilizar un material que contraste con las superficies ya existentes en la cocina. Sea cual sea el que elija, el secreto de su colocación será el mismo: asegúrese de que el estante está nivelado, y de que los soportes y tornillos pueden soportar el peso que se les coloca.

muebles de techo y en península ⁄⁄⁄

Los sistemas de almacenamiento de techo y en península aprovechan espacios libres que no están sobre el perímetro de la cocina. El procedimiento para colocar estos sistemas de almacenamiento debe llevarse a cabo después de haber instalado todos los demás elementos. Por ejemplo, un mueble en península sólo se puede colocar después de haber instalado la encimera.

Espacio de techo

La consideración más importante a la hora de instalar un sistema de almacenamiento de techo es asegurarse de que las fijaciones son suficientemente sólidas para soporta el peso de los elementos más el de los utensilios y productos almacenados en su interior. Para llevar todo a cabo con éxito, hará falta que el mecanismo sea lo suficientemente fuerte, pero también las fijaciones habrá que hacerlas en puntos de la pared que correspondan a las posiciones de las viguetas. Por tanto, hará falta localizar la ubicación de las viguetas para poder diseñar bien la colocación de los elementos; así que usando un detector de viguetas podemos establecer con precisión los puntos de colocación de accesorios, como tendederos o soportes y estantes colgantes. A veces habrá que buscar una solución intermedia entre la ubicación ideal de un sistema de este tipo y la posición real de las viguetas. Sin embargo, puesto que las viguetas van siempre paralelas, la colocación de fijaciones tenderá a distribuirse sobre una forma cuadrada o rectangular con un aspecto alineado.

✋ Consejo de seguridad

Cuando se hacen fijaciones en el techo hay que estar seguro de que no se tocan o perforan las tuberías y cables que puedan ir por el techo; por ello es también indispensable utilizar un detector de tuberías y cables para evitar accidentes.

Espacio en península

Algunos sistemas de este tipo van instalados al nivel del techo, especialmente cuando la cocina es de techo bajo. Otros se instalan sobre una estructura de sostén con barra vertical. Este último tipo es el que se detalla en el ejemplo siguiente, con lo que se verá la técnica estándar para montar este tipo de armazones. Dado que los elementos en península actúan como centro de atracción visual y se ven desde más de un punto, es importante atenerse en todo momento al correcto procedimiento de montaje, y asegurarse repetidas veces de de que las medidas y alineaciones son las correctas para garantizar que la apariencia definitiva del conjunto sea todo lo impresionante que deseábamos.

Herramientas para el trabajo

Cinta métrica
Lápiz y marcador para porcelana
Taladro sin cable
Llave Allen
Sierra de calar
Llave inglesa

1 Mida desde el borde superior de la encimera y marque sobre la pared la posición de las fijaciones para la estructura en península. La altura vendrá determinada por la de los otros elementos de la cocina, y de todas formas la propia barra vertical que se suministra con la estructura puede servir de guía aproximada para la altura (unos 40-45 cm). Cuando marque la posición de las fijaciones, recuerde que deberá

tener en cuenta que hay que alinear el borde posterior de los elementos en península con los de debajo.

2 Coloque las fijaciones de pared en los puntos marcados anteriormente, comprobando la correcta nivelación mediante un mininivel en la parte de arriba de estas fijaciones. Marque, a través de los agujeros de las fijaciones, los puntos en los que irán los tornillos.

3 Con un poco de esfuerzo, las fijaciones quedan atornilladas a la pared y la estructura de sostén queda sujeta. Para este ejemplo, primero hará falta colocar los tornillos en las fijaciones de pared y apretarlos usando una llave Allen.

Consejos profesionales

Las estructuras se venden generalmente en un largo estándar. Usted deberá calcular cuántos elementos irán sobre este armazón y realizar la medición necesaria para que el bastidor tenga la longitud apropiada. Deberá pues cortarla usando para ello una sierra de metales.

4 Ahora atornille las fijaciones de pared a la estructura usando una llave Allen.

5 Lo siguiente es fijar la barra de apoyo en el otro extremo de la estructura, pero antes de hacerlo coloque las arandelas, tornillos u otro material de fijación que indique el fabricante.

6 Consiga un ayudante para poder colocar la estructura en las fijaciones de modo que la barra apoye sobre la encimera. Tómese el tiempo necesario para garantizar que la barra esté correctamente colocada y alineada con la fijación de la pared. Haga un redondel sobre la encimera en torno a la barra para señalar su posición. Para

marcar sobre una superficie normal será suficiente con un lápiz, pero sobre una encimera oscura habrá que usar un marcador para porcelana.

7 Retire la estructura completa y taladre un agujero en el centro de del redondel de la barra vertical. Recuerde que deberá escoger una broca apropiada para el tamaño del perno que sujeta la barra.

8 Vuelva a colocar la estructura y sujétela a la fijación de la pared, para lo que habrá que taladrar y atornillar a través de los agujeros marcados en el punto 2.

9 Encaje el perno de sujeción de la barra en el agujero taladrado en la base de la barra. Apriete con la llave inglesa de forma que no se mueva de posición.

10 Instale los muebles sobre la estructura atornillándolos a ésta por la parte de abajo. Para unir los muebles una vez colocados siga la misma técnica que se describe en los puntos 8 y 9 de las páginas 52-53. También tendrá que fijar a la pared el mueble de ese extremo.

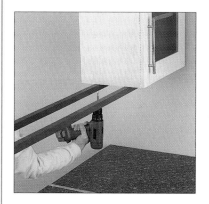

11 Coloque una cornisa en la parte de arriba y moldura en la parte de abajo para disimular la estructura.

acabados de una encimera de madera ⟋

A diferencia de las encimeras de productos laminados, las encimeras de madera necesitan algún tipo de acabado para garantizar la estanqueidad cuando están colocadas en su sitio. Los aceites para maderas ofrecen en la mayoría de los casos muy buenos resultados. Aunque haga falta repetir periódicamente la aplicación de capas para un correcto mantenimiento, esto es normalmente más sencillo que lijar y barnizar con un barniz de poliuretano, si bien las zonas dañadas se pueden reparar con bastante éxito (ver página 114). De este modo, se puede cuidar la encimera como si se tratase de cualquier otro mueble que gana carácter y mejora su aspecto con la edad.

Consejos de seguridad

• **Protección personal:** Lleve siempre una mascarilla de protección cuando realice operaciones de lijado, porque el polvo fino que se produce puede causar irritaciones en las vías respiratorias. Cuando barnice o aplique aceite, utilice siempre guantes y gafas de protección; con algunas marcas de aceite y barniz también hace falta usar mascarilla, luego lea atentamente las instrucciones del fabricante y asegúrese de que la ventilación es correcta abriendo la ventana.

• **Eliminación de trapos:** Los trapos manchados de aceite para madera son altamente inflamables y por tanto potencialmente peligrosos. Para tirarlos con seguridad, empápelos primero en agua y métalos en una lata vieja de pintura.

• **Elección del aceite:** Asegúrese de que utiliza un aceite para madera que es apropiado para superficies en las que se va a preparar comida.

Herramientas para el trabajo

Equipo de protección

Papel de lija o lijadora eléctrica

Brocha

Trapos

1 El aceite para madera puede dañar otras superficies de la cocina, por lo que antes de comenzar a trabajar con él hay que cubrir cualquier área de la cocina cercana a la encimera, ya que pueden caer gotas o salpicaduras. Dedique especial cuidado a las gotas y escorreduras que pueden caer sobre los frontales de los muebles bajos. Para evitarlo, pegue una lámina de plástico sobre los frontales de esos muebles. Algunas clases de suelo de vinilo pueden quedar dañadas al caerles líquidos de tratamiento de maderas, por lo que se recomienda cubrir también el suelo.

2 Aunque las encimeras se suministran con una superficie relativamente afinada, será necesario lijar para eliminar cualquier irregularidad, y esto se puede hacer a mano con papel de lija o usando una lijadora eléctrica para ir más rápido. Siempre deberá lijar siguiendo el sentido de la fibra de la madera y tenga cuidado de no rayar otros elementos, como los bordes del fregadero o los quemadores.

3 Lije con mucho cuidado siguiendo la dirección de la fibra en las zonas próximas a las uniones, porque es ahí donde hay más probabilidad de que la fibra vaya en dos direcciones diferentes. Preste atención a estos detalles, porque mejorarán el aspecto final del producto.

4 Si ha utilizado una fresadora para modelar el borde de la encimera, ésta puede haber dejado una ligera marca de quemadura por haber estado más tiempo en algún punto. Estas zonas oscuras pueden resaltar en exceso al aplicar una capa de aceite, por lo que es indispensable lijarlas bien hasta que desaparezcan.

5 Después de haber lijado toda la encimera a conciencia, limpie el polvo y los residuos con un cepillo y después friegue bien toda la

superficie con un trapo empapado en trementina. Esta sustancia eliminará hasta las partículas de suciedad más pequeñas y además seca rápidamente, dejando una superficie totalmente libre de polvo. Utilice guantes durante este proceso.

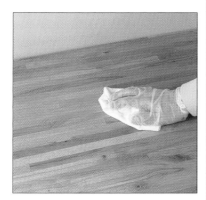

6 Agite enérgicamente el recipiente del aceite para maderas y después aplique generosamente este producto sobre la encimera. Siga con la brocha la dirección de la fibra de la madera, dejando que el producto se extienda por toda la superficie de la encimera.

7 Deje pasar un tiempo para que la madera absorba el producto antes de quitar el exceso de aceite con un

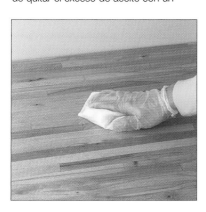

trapo seco. Al tiempo que hace esto, trate de abrillantar la superficie.

8 Limpie, antes de que se seque, cualquier salpicadura que se produzca sobre superficies de metal. Deje secar la encimera toda la noche, y después repita el proceso con al menos tres manos.

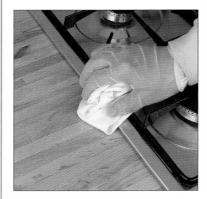

BARNIZADO CON ACEITE

Dar varias capas de aceite a la encimera con la técnica descrita aquí proporciona una superficie lisa, pero con un brillo mate muy discreto. Una forma de obtener más brillo es aplicar el aceite con una brocha y después no retirar el exceso. Esta técnica es más parecida a la del barniz y recubre la madera en la dirección de la fibra; los únicos inconvenientes son que el aceite aplicado así tarda mucho en secar, y que si la zona a tratar no está completamente limpia, el resultado final es el de una superficie un poco áspera. Por ello, es mejor dar un buen lijado seguido de una limpieza con un trapo empapado en trementina, antes de cada una de las capas de aceite, para asegurar que la encimera esté completamente libre de partículas.

El color y acabado natural de la madera de esta encimera hace de ella una superficie atractiva para casi cualquier modelo de cocina; un acabado al aceite mejora el aspecto de la madera y proporciona una buena impermeabilización.

alicatado de paredes ⁊⁊⁊

La zona de una cocina que va revestida de azulejos es normalmente pequeña y tiende a reducirse al área de pared situada por encima de la encimera, con un número de filas de azulejos limitado por la distancia entre la encimera y los muebles altos de pared. Incluso cuando no hay elementos de pared, la zona de azulejos no debe ser demasiado alta, ya que su principal función es proteger de las salpicaduras. Los principales obstáculos que habrá que salvar cuando se realiza una operación de alicatado son los rincones, esquinas y los enchufes, muy comunes en el área situada por arriba de la encimera.

👍 Consejos profesionales

• **Por dónde empezar:** Empiece siempre en el extremo opuesto a cualquier esquina o rincón que vaya a ir alicatado. De este modo, los azulejos cortados irán en el rincón y serán por tanto menos visibles. También tendrá que tener en cuenta la necesidad de calcular que, por ejemplo, un extractor o un fregadero deberán ir en la mitad de la zona alicatada, y que esto debe tenerse en cuenta en la disposición de los azulejos.

• **Mantener la limpieza:** Tenga siempre a mano un cubo con agua templada y una bayeta o una esponja. Si mantiene limpias las manos y las herramientas, el trabajo resultará mucho más fácil.

• **Después de aplicar el aceite:** Si va a colocar azulejos sobre una encimera de madera, es mejor aplicar el tratamiento de aceite a esa superficie antes de comenzar con el alicatado (ver páginas 102-103). De otro modo, el adhesivo o la lechada penetrarán demasiado en la madera, y esto dará lugar a cierta cantidad de trabajo extra a fin de preparar la superficie para las capas de aceite. Por el contrario, si se aplica primero el aceite, éste impermeabilizará la superficie, con lo que el adhesivo o la lechada se eliminan fácilmente con un trapo húmedo.

• **Las superficies de las paredes:** Las paredes necesitan cierta preparación para que estén en las mejores condiciones a la hora de poner el producto adhesivo. Antes, pues, de aplicar este producto, retire cualquier resto del papel de empapelar, rellene los posibles agujeros y limpie las zonas que tengan polvo aplicando una capa de solución de PVA o adhesivo polivalente (una parte de PVA por cinco de agua).

Herramientas para el trabajo

Cinta métrica

Extendedor de hormigón

Rotulador de punta de fieltro

Cortador de azulejos

Extendedor de lechada

Moldeado de lechada

Cubo

Bayeta o esponja

Técnica general

1 Aplique un producto adhesivo sobre la pared cubriendo un área que no sobrepase un metro cuadrado. Si la superficie cubierta fuese mayor, el producto se secaría antes de poder colocar los azulejos. Use un extendedor de hormigón para conseguir una capa uniforme y use crucetas y espaciadores para que la distancia entre las baldosas sea la misma. Coloque también una hilera de espaciadores a lo largo de la encimera para que la distancia a ésta sea exacta.

2 Continúe extendiendo producto adhesivo en la pared y colocando azulejos, añadiendo más hileras, elaborando el diseño y manteniendo en todo momento las separaciones correctas entre las piezas usando espaciadores.

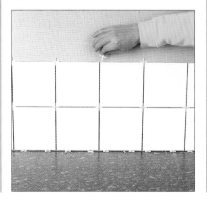

Colocación de azulejos en torno a un enchufe

1 Cuando haya que alicatar alrededor de un enchufe necesitará más tiempo para cortar los azulejos antes de que se seque el producto adhesivo, por lo que tendrá que aplicar menos cantidad y cubrir menos superficie con el adhesivo en cada operación. Mida y marque sobre el azulejo, con un rotulador de fieltro, la parte que necesita separar. Desmonte el enchufe para separar de la pared la carcasa exterior y mida para calcular que el trozo de azulejo penetre un poco bajo la carcasa del enchufe. Cuando se hayan colocado todos los azulejos y fragmentos, se vuelve a colocar el enchufe sobre la parte así alicatada.

✋ Consejos de seguridad

Desconecte siempre la corriente eléctrica antes de desmontar enchufes. Probablemente necesitará usar tornillos o tirafondos más largos para volver a fijar el enchufe sobre la superficie alicatada. Esto tiene cierta importancia para que la instalación sea segura, porque es muy peligroso tener un enchufe colgando de la pared.

2 Una máquina eléctrica de cortar azulejos es ideal para cortes en ángulo recto, pero también es suficiente con una cortadora manual. Siga las instrucciones del fabricante para un uso seguro y agrande las marcas hechas con rotulador de fieltro a fin de que la parte a cortar resulte más clara.

3 Aplique producto adhesivo a la parte de atrás del azulejo y colóquelo junto al enchufe. Utilice también espaciadores para que las separaciones entre las piezas sean idénticas.

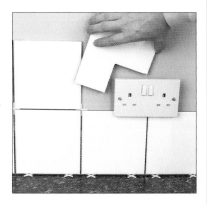

Cortes y acabados

1 Para hacer cortes sencillos y rectos basta con cortador normal de

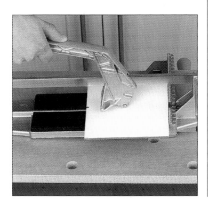

azulejos, o bien tendrá que usar una máquina de cortar azulejos. Primero haga una línea sobre la superficie del azulejo, después apriete la manilla del cortador para romper la pieza por esta línea marcada.

2 Cuando se haya completado el diseño planeado y se haya secado completamente el producto adhesivo, después de dejarlo toda la noche, se

pueden quitar los espaciadores e introducir lechada en las juntas de separación entre azulejos, usando un extendedor de lechada. Quite cualquier exceso de lechada y utilice un moldeador de la misma para terminar de rellenar las juntas.

3 Finalmente, pula la superficie con una bayeta para admirar la superficie alicatada limpia y brillante.

Los azulejos blancos o en colores pálidos son los más apropiados para ir por debajo de los muebles altos, ya que su capacidad para reflejar el color aumenta la luminosidad de toda la zona y hace por ello más fácil trabajar en ella.

alicatado de encimeras ⚒⚒

Una encimera con azulejos ofrece un aspecto diferente y una alternativa de acabado a la opción más tradicional del uso de madera o laminado. Dependiendo de la calidad de los azulejos seleccionados, puede ser una forma económica de tener una superficie de trabajo resistente y atractiva.

La técnica de colocación de azulejos en una encimera es similar a la de alicatar paredes, aunque se necesitan algunos ajustes para lograr el mejor acabado. Asegúrese de que los azulejos seleccionados son adecuados para su utilización en encimeras.

Herramientas para el trabajo

Serrucho o sierra de calar

Mordaza

Taladro sin cable

Sierra de ingletes

Martillo

Brocha

Extendedor de argamasa

Extendedor de lechada

Cortador de azulejos

Esponja

Trapo

1 Los azulejos deben ponerse sobre una superficie rígida. La mejor opción de materiales para lograrlo es el contrachapado. Elija un contrachapado de 12 mm de espesor; cualquier espesor menor resultará demasiado flexible para una superficie rígida de encimera. Siguiendo una técnica similar a la explicada en las páginas 56-57 para las encimeras de madera, corte el contrachapado al tamaño exigido. Deje una parte sobresaliendo sobre el frontal

de los muebles y fije ese frontal a la encimera, atornillando, desde la parte inferior, a través de los muebles a la cara interior del contrachapado. Si su cocina dispone de bloque de anclaje en las esquinas, utilícelos para hacer la unión. Amordace el contrachapado firmemente en su sitio, de modo que quede apretado contra los muebles y no pueda moverse de esa posición cuando inserte los tornillos.

2 Antes de alicatar, añada al contrachapado un borde terminado. En este ejemplo se utiliza para ello una banda de madera. Mida la longitud de los bordes y corte la banda de madera a las longitudes deseadas, usando una sierra de ingletes.

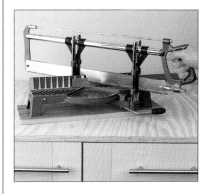

3 Una las bandas de madera al borde del tablero de contrachapado con una cantidad generosa de pegamento, para lograr una unión fuerte.

4 Presione las bandas a lo largo del borde del contrachapado, ayudándose de alguno de los azulejos para ajustar el nivel a que debe quedar la banda. Ésta es una etapa muy importante del proceso de alicatado, ya que el acabado ideal se obtiene dejando a ras la cara superior de los azulejos con el borde superior de la banda de madera. Si la banda de madera queda demasiado alta, se tendrá un resalte en el borde de la encimera, lo que dificultará su limpieza. Si lo necesita, clave un par de puntas para sujetar las bandas en su posición mientras se pega.

5 Una vez haya secado el adhesivo, proteja la madera de la banda con algún tipo de barniz, para sellar su superficie. Si no se sella la madera en esta etapa, puede mancharse, de forma difícil de limpiar, con la lechada, al echarla en las juntas de los azulejos. La realización de esta tarea de este modo implica que cualquier exceso de lechada podrá limpiarse fácilmente en la madera ya barnizada.

6 Para asegurar el mejor resultado, conviene extender los azulejos sobre la superficie, sin adherirlos. De este modo, podrá planificar el diseño y buscar la mejor ubicación para los azulejos con corte. Es mejor comenzar colocando azulejos enteros en el borde frontal de la encimera, de modo que los azulejos cortados queden contra la juntura de la encimera con la pared posterior. De igual forma, si la superficie de trabajo tiene una esquina, conviene comenzar en ella con un azulejo entero, como se muestra aquí, e ir montando el diseño desde ese punto.

7 Para alicatar más fácilmente, aplique un recubrimiento de disolución de adhesivo polivalente (pva) (1 parte de pva y 5 partes de agua) a la superficie de contrachapado. Esto sella el contrachapado, haciendo que sea más fácil la extensión del adhesivo. Permita que seque el contrachapado antes de proceder al alicatado.

8 Use un extendedor de cemento para extender el adhesivo sobre la superficie de contrachapado. No extienda de una vez más de 1 m², aproximadamente. Use las muescas para mantener un espesor de adhesivo constante, lo que ayudará a tener un nivel uniforme de los azulejos.

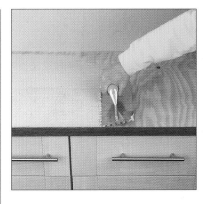

9 Coloque los azulejos, presionándolos, para que se hundan un poco en el adhesivo, con un ligero movimiento de torsión. Dado que los azulejos se están colocando en una superficie horizontal, no hay riesgo de que se deslicen o caigan, lo que constituye una preocupación constante en el caso de paredes. Sin embargo, hay que mantener la atención, ya que si alguna fila se descuadra, puede afectar al acabado y requerir algún corte antiestético. Tome su tiempo para colocar los azulejos correctamente y use espaciadores para mantener unas distancias uniformes. También se requerirán, aunque con carácter temporal, espaciadores entre los azulejos del borde y la banda de madera del borde, para mantener las distancias.

10 Cuando haya secado el adhesivo, eche una lechada de epoxy sobre los azulejos. Esta lechada es más resistente al desgaste que la estándar, y la superficie, en la que con seguridad se manipularán alimentos, más higiénica. Es mejor concentrarse cada vez en zonas pequeñas, ya que la lechada de epoxy es difícil de trabajar y seca muy rápido. Fuerce hacia dentro la lechada en cada junta con firmeza, quitando inmediatamente con un trapo empapado cualquier exceso.

11 Espere hasta que la lechada haya secado totalmente; friegue entonces la superficie de azulejos con una esponja y púlala con un trapo de algodón. Esto ayudará a quitar cualquier residuo de lechada que haya quedado, dejando una superficie acabada limpia y brillante.

👍 Consejos profesionales

Cuando se alicatan paredes, suele darse forma de canales algo cóncavos a las juntas con un formón de lechada. No conviene hacer esto, sin embargo, cuando se colocan azulejos en una superficie de trabajo horizontal en la cocina, ya que es importante que las juntas queden al mismo nivel que el resto de la superficie. Así se conseguirá una superficie más lisa y, por ello, más fácil de limpiar en el futuro. Esto también reducirá la frecuencia de acumulación de suciedad en la lechada.

acabado decorativo ↗↗

Aunque gran parte de la superficie de las paredes suele estar cubierta por los muebles de cocina y accesorios, es importante elegir un esquema decorativo para las paredes expuestas, carpintería y techo. Todo el mundo tiene sus preferencias particulares respecto a formas y colores, pero para lograr los mejores resultados hay que introducir algunos cambios en las técnicas básicas de pintado o empapelado, a fin de tener en cuenta el ambiente específico de la cocina.

Utilización de pintura

Hay muchas variedades durables de pintura y muchos colores donde escoger, y el acabado puede lograrse añadiendo simplemente nuevas capas de color según se vaya necesitando. La naturaleza integrada de las cocinas modernas requerirá realizar abundantes pinturas de bordes y esquinas, pintando claros bordes y líneas divisorias entre muebles y paredes. Por ello, conviene comprar pinceles de calidad, que permitan pintar los bordes con precisión.

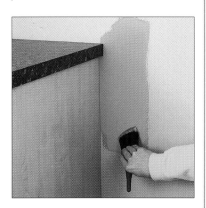

También puede usar cinta de carrocero para proteger los bordes de las superficies, que puede ser retirada con facilidad tras finalizar el trabajo.

Aplique una pintura resistente al desgaste a todas las superficies de la cocina, de modo que puedan fregarse y mantenerse limpias. Por ello siguen utilizándose con frecuencia pinturas al aceite. Los fabricantes han desarrollado en los últimos tiempos pinturas específicamente destinadas a cocinas, que, aun siendo al agua, son muy durables.

Empapelado

El papel de empapelar puede usarse en las cocinas, pero limítese a las variedades más resistentes al desgaste, diseñadas específicamente para su uso en cocinas. Los papeles al vinilo son idóneos y, aplicados correctamente, durarán muchos años. Igualmente, al haber tantos bordes divisorios, el empapelado de una cocina puede ser un proceso delicado y complejo. Se debe prestar mucha atención a la realización de cortes exactos para lograr los mejores resultados.

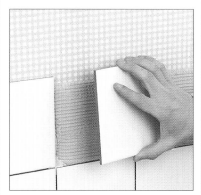

Un ambiente de cocina es particularmente propenso a las condensaciones y a los cambios de temperatura, y estos factores pueden provocar el levantamiento y pelado del papel. En algunas situaciones pueden reducirse las posibilidades de que ocurra

esto. Por ejemplo, donde haya un encuentro de papel y azulejos coloque primero el papel, de manera que se superponga bajo lo que será la última fila de azulejos. Cuando ésta se coloque, cubrirá el borde del papel, impidiendo que se levante más adelante.

La aplicación de un barniz o recubrimiento vidriado sobre el papel hará que éste sea más fácil de lavar. Sin embargo, con algunos vinilos, el barniz no se adherirá al papel, por lo que conviene hacer antes una prueba sobre un trozo inútil.

👍 Consejos profesionales

• **Protección:** Proteja siempre sus muebles con láminas de plástico, antes de proceder al pintado o empapelado, con objeto de no dañar su acabado.

• **Preinstalación:** Dada la naturaleza enojosa de la decoración de una cocina, conviene pintar el techo, así como las primeras manos de la pintura de las paredes, antes de la instalación de los muebles de cocina. Esto puede ahorrar mucho tiempo al llegar al proceso de acabado.

• **Ventilación:** Asegúrese de que la cocina tiene un buen sistema de ventilación, ya que esto alargará la vida útil de cualquier acabado decorativo.

Sellado de junturas

Las superficies de las cocinas pueden ser sometidas a limpiezas frecuentes y humedecerse, especialmente cerca de los fregaderos. Como consecuencia de ello, es vital tomar precauciones, sellando las áreas, para evitar que el agua penetre y cause efectos de deformaciones o podredumbres de las superficies. Los selladores de silicona son el modo más eficaz de sellar las juntas entre superficies, al formar un sello simultáneamente flexible e impermeable al agua. El sellador puede aplicarse a las junturas entre el papel pintado y el rodapié, alrededor de las ventanas, o a la unión entre el rodapié y el suelo de vinilo. Sin embargo, la zona más importante es el borde posterior de la encimera, donde hay que sellar la holgura existente entre ésta y la pared. En este ejemplo el sellado se hace entre una encimera de laminado y una zona de salpicadura de la pared posterior de azulejos.

Herramientas para el trabajo

Dispensador de sellador

Cúter

1 Utilice cinta de carrocero para obtener un acabado fino. Ponga cinta a cada lado de la junta, manteniendo entre ambas bandas una distancia uniforme.

2 Con un cuchillo o cúter corte la boquilla del tubo de sellador, a un diámetro algo mayor que la distancia dejada entre las dos tiras de cinta de carrocero.

3 Coloque el tubo de sellador en el dispensador y accione el gatillo para servir sellador. Mueva la boquilla del tubo de sellador a lo largo de la junta protegida por la cinta, a una velocidad lenta y constante, de modo que se forme una cubrición con colmo de la junta.

4 Alise la junta con un dedo humedecido, para producir un acabado limpio.

5 Antes de que el sellador seque completamente, retire la cinta de carrocero, lo que dejará un cordón de sellador exacto y uniformemente proporcionado.

6 Puede necesitar una nueva pasada con el dedo mojado para alisar el cordón y obtener el mejor acabado.

👍 Consejos profesionales

- **El último trabajo:** El sellador de silicona es una sustancia difícil de trabajar, ya que tiende a pegarse por todas partes. Una vez seca, no puede alterarse su aspecto, ya que no puede pintarse encima. Por ello es importante que el sellado con silicona sea el último trabajo de la renovación de la cocina.

- **Retirada del sellador no deseado:** Antes de que seque el sellador, puede quitar cualquier exceso, simplemente limpiando con un trapo empapado de trementina.

- **Tiempo de endurecimiento:** El sellador endurecerá parcialmente, manteniendo la forma, en un plazo relativamente corto, pero el secado total tardará 24 horas. Debe evitar limpiar sobre el sellador en el plazo indicado.

- **Mantenimiento de la limpieza:** El sellador tiene propiedades adhesivas fuertes, así que tenga a mano papel de cocina o trapos, para limpiar cualquier exceso según avanza el trabajo.

colocación de cortinas y estores ✂✂

A la hora de tomar las decisiones sobre cómo cubrir y decorar las ventanas, habrá que tener en cuenta algunos factores importantes específicos del entorno de la cocina. Sin embargo, las nuevas técnicas para colocar cortinas o estores en una cocina no difieren de las de cualquier otra habitación.

Si la ventana está situada por encima de la encimera, entonces el sistema de sujeción y el material escogido para la cortina deberán ocupar el menor espacio posible. Las cortinas voluminosas y con mucho vuelo resultan molestas en la zona de trabajo, porque la reducen. Hay que utilizar distintos sistemas para diferentes ventanas de la cocina. Por ejemplo, se pueden poner estores en una ventana que esté por encima de la encimera, y usar cortinas para una ventana francesa que dé al jardín.

Herramientas para el trabajo

Cinta métrica y lápiz

Regla de madera y nivel

Taladro sin cable

Destornillador

Cortinas

La condensación de vapores y otros humos puede estropear los materiales textiles de las cortinas de una cocina. Por tanto, hay que escoger un material que sea, además de resistente, fácil de lavar. Otro punto es la forma de colgarlas: pueden ir sobre carriles o rieles, o bien sobre una barra.

Rieles de cortinas

Los de carriles no se consideran muy atractivos desde el punto de vista decorativo, por lo que se suelen ocultar bajo la parte alta de la cortina que los cubre totalmente. Los rieles son una buena elección cuando hay poco espacio, ya que mantienen la cortina estirada sobre la pared o la ventana.

1 Dibuje una línea de nivel sobre la ventana para señalar la posición de los rieles. Use un nivel colocado sobre una regla larga para estar seguro de la nivelación. Los rieles para cortinas necesitan muchos puntos de fijación para poder aguantar el peso de las mismas. Marque puntos equidistantes sobre la línea; a continuación, perfore agujeros en estos puntos y ponga también los correspondientes tacos.

2 Atornille los soportes de fijación sobre esa línea, asegúrese de que estén colocados correctamente y de que queden firmemente sujetos en el agujero con taco.

3 Una vez colocados todos los soportes de fijación, encaje el riel en la parte central de los soportes. Habrá que buscar la posición del riel más centrada respecto a la ventana, de forma que ninguno de los dos lados sobresalga de una manera marcada. Por último, coloque los ganchitos que sujetarán la cortina, y después cuélguela.

Barras de cortinas

Las barras para cortinas ofrecen ventajas decorativas mayores. Normalmente, los extremos de la barra se embellecen con unas terminaciones decorativas, y además se suele dejar que el borde superior de la cortina cuelgue por debajo de la barra para que todas sus cualidades decorativas estén bien a la vista. El principal inconveniente de las barras es que la cortina se curva y ocupa mucho espacio en la habitación, pero si esto no es un problema para el formato de cocina escogido, las barras son un sistema fantástico de sujetar cortinas.

1 Coloque un soporte de fijación en cada uno de los lados de la ventana para que puedan sujetar la barra. Si la

ventana es muy grande, necesitará colocar un soporte de fijación en la parte central de ésta. La cortina se sujeta normalmente con anillas, y dos bolas decorativas, una en cada extremo de la barra, impiden que la cortina se deslice por los lados y se caiga.

Estores

Esta modalidad de cubrir ventanas es quizá la más práctica y decorativa para una cocina. Se pueden colocar sobre la superficie misma de la ventana para ahorrar espacio, están confeccionados en materiales fáciles de lavar y su longitud regulable permite controlar cómodamente la cantidad de luz de la habitación. Los estores se venden generalmente en un kit que incluye también los tornillos y fijaciones.

1 Mida la anchura de la ventana antes de comprar los estores para estar seguro de que compra correctamente. Es importante también medir la ventana por abajo y no sólo por arriba, ya que la medida puede variar mucho; la ventana puede ser muy irregular sin que se aprecie visualmente. Si hay una gran diferencia de medida entre la parte de abajo y la de arriba, habrá que comprar el estor de la medida más estrecha para que quepa cómodamente dentro del recuadro de la ventana.

2 Coloque los soportes de fijación en los ángulos superiores de la ventana atornillándolos en la madera del marco. Asegúrese de que cada soporte de fijación está bien colocado respecto a la ventana y respecto al estor.

3 Coloque el enrollador e inserte cada uno de los extremos en el soporte de fijación correcto. Notará que uno de los soportes tiene diferente forma que el otro, ya que los accesorios de cada lado del enrollador están hechos para ajustar con un único soporte. Por último, sujete el cordón de enrollado al estor de modo que funcione.

Consejos profesionales

Los kits de estores se suministran a veces con el material textil del estor separado del enrollador. Una el estor al enrollador con grapas, cinta adhesiva de doble cara o velcro de doble cara. Esta última es útil cuando se quita el estor para su limpieza.

La elección idónea para vestir la ventana de esta casa ha sido un estor, ya que permanece contra el marco de la ventana y no invade el área de trabajo del fregadero.

reparaciones en la cocina

Cualquiera que sea la calidad de accesorios y acabados, en algún momento tendrá que hacer reparaciones en la cocina. En la mayoría de los casos, la incidencia de las reparaciones está determinada por la frecuencia de uso; pero, dicho esto, no es anormal encontrarse con que hay que cambiar las zapatas de los grifos, fijar las manillas de las puertas o volver a sellar la encimera en la vida útil de cocinas poco utilizadas. Este capítulo muestra cómo realizar esas reparaciones y se centra en tantas otras áreas de la cocina que necesitarán una reparación en un momento u otro. Es importante hacer las reparaciones tan pronto como aparece su necesidad, y no permitir que la cocina caiga en el descuido, ya que un mantenimiento regular en corto plazo ayuda a extender la vida de la cocina y le ahorrará dinero a largo plazo.

Todas las cocinas necesitan reparaciones a lo largo del tiempo; por ejemplo, puede tener que cambiar un azulejo roto en su encimera.

renovación de encimera ⁊⁊

Las encimeras son, invariablemente, las superficies más utilizadas de la cocina y, por ello, probablemente requerirán reparaciones frecuentes para mantener sus condiciones. A continuación se exponen una serie de problemas comunes que aparecen con diferentes tipos de encimera, así como guías sobre las mejores técnicas para restablecer su buen servicio.

Encimeras de madera

Las encimeras de madera deben ser engrasadas ocasionalmente, pero también tendrá que hacer reparaciones más localizadas, originadas por salpicaduras a las que se ha permitido que empapen y manchen la superficie, o melladuras en la superficie causadas por cuchillos u otros instrumentos cortantes.

Herramientas para el trabajo

Lijadora eléctrica (opcional)

Trapo

1 Lije la zona afectada hasta que desaparezca la mancha. Una lijadora eléctrica es ideal para este trabajo, pero tenga cuidado de no clavar el borde de la misma en la encimera, lo que provocará irregularidades en la superficie de madera.

2 Aplique una pequeña cantidad de aceite en un trapo seco, y frote suavemente sobre el área lijada. Puede necesitar hacer dos o tres aplicaciones para que quede bien mezclado con la encimera existente.

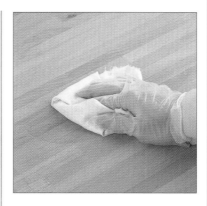

Encimeras de laminado

Los daños en los acabados laminados no pueden ser eliminados simplemente por lijado. Es más bien un caso de camuflaje efectivo.

Reparación de bordes

Herramientas para el trabajo

Pincel redondo pequeño

Cinta de carrocero

1 Si se ha astillado el borde, encole la pieza rota de laminado en su sitio, usando pva, si es posible.

2 Utilice cinta de carrocero para sujetar el trozo en su sitio mientras seca el pegamento.

Rasgones

Herramientas para el trabajo

Pincel

Trapo seco

1 Para tratar los rasgones en la superficie, simplemente quite el polvo, y limpie la zona y pinte a lo largo del surco con un pincel fino, usando una pintura al óleo, tal como la de cáscara de huevo. Trate de lograr un color lo más parecido posible al de la encimera. En una encimera con dibujo, es mejor elegir uno de los colores más oscuros de su diseño. Limpie cualquier exceso.

Reparación del borde frontal

Cuando el daño sea tan considerable que las reparaciones menores no tengan efecto, puede tener que considerar el cambio del borde frontal

con un acabado alternativo. En este ejemplo, se ha utilizado una moldura de madera para crear un nuevo borde decorativo en el frontal de la encimera.

Herramientas para el trabajo

Mordazas

Escuadra

Sierra de calar

Martillo (opcional)

1 Sujete con mordazas un tramo de listón a lo largo del borde frontal de la encimera. Debe colocarse de modo que se pueda apoyar en su lado una sierra de calar, usando el listón como una guía, cuando se desplace a lo largo de la encimera, facilitando un corte recto en el borde

2 Quite el borde dañado de la encimera, usando una sierra de calar. Mantenga la hoja apretada contra el listón para asegurar un corte recto.

3 Corte y encole una pieza de moldura de esa longitud al nuevo borde cortado en la encimera. Fije la

moldura con cola de carpintero o pva. Clave un par de puntas a través de la moldura para sujetarla en su sitio, mientras seca el pegamento, si es necesario. Tiña y barnice la moldura para sellar su superficie y proporcionar un acabado decorativo.

Alicatado

Si el daño en la encimera es excesivo, una opción adicional es alicatar toda la superficie de la encimera, dándole un aspecto completamente nuevo.

Herramientas para el trabajo

Equipo de alicatado

1 Una el encofrado a lo largo del borde frontal de la encimera y tíñalo o barnícelo según sus preferencias. Coloque entonces los azulejos directamente sobre la parte superior de la encimera (ver páginas 106-107 para tener instrucciones adicionales). Recuerde que puede tener que reajustar la altura de los quemadores y el fregadero, de modo que el alicatado quede solapado por debajo de los bordes de estos aparatos.

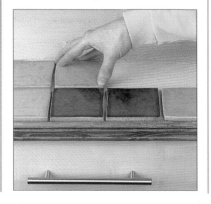

Volver a poner silicona

El aspecto general de una encimera puede estropearse a menudo simplemente dejando que se manche o se dañe con el tiempo el sellado de silicona. El reemplazo periódico del sello de silicona no sólo mejorará el aspecto de la encimera, sino que renovará el sellado estanco entre la encimera y la pared.

Herramientas para el trabajo

Brocha

Rasqueta para vidrios

Cúter

Pistola o dispensador de sellador

1 Pinte con una disolución de eliminación de sellador sobre la silicona, permitiendo que empape lo más posible.

2 Utilice una rasqueta para extraer la junta vieja. A continuación limpie minuciosamente la zona, antes de aplicar un nuevo cordón de silicona (ver página 109).

reparación de puertas y cajones 🔨

Las bisagras y tiradores de cajones y puertas son los componentes que más generalmente sufren daños en los muebles de cocina. Como partes móviles que son, es inevitable que se arranquen alguna vez las bisagras; igualmente, el estiramiento cotidiano hace que se aflojen las fijaciones de los tiradores de los cajones, e incluso que salte el tirador completo. En algunos casos, el comienzo de este tipo de roturas puede ser la señal de la necesidad de que ha llegado la hora de una nueva cocina. Sin embargo, generalmente, sólo las puertas y cajones de mayor uso tendrán problemas importantes. La reparación de esos problemas puede volver a poner a su cocina en el nivel de funcionamiento óptimo y no constituye señal de la necesidad de una renovación total de su cocina.

Reparación de una bisagra

Herramientas para el trabajo

Taladro/destornillador sin cable

Lápiz

Escuadra

Broca de corte de bisagra

Mininivel

Una puerta pandeada o fuera de nivel a menudo indica un problema de bisagras. Probablemente, el movimiento de las bisagras haya producido el ensanchamiento de los agujeros de anclaje de la placa de la bisagra, de modo que esta placa se haya salido del lateral del mueble. La solución más sencilla es volver a colocar la placa en una posición un poco por encima, lo que requerirá volver a fijar tanto la placa como el mecanismo mínimo de la bisagra.

1 Desatornille la puerta del mueble y quite tanto la placa del cuerpo del mueble, como el mecanismo de la bisagra de la propia puerta.

2 Utilice una escuadra para medir una nueva posición algo más arriba de la posición original de la bisagra. Marque el punto central del nuevo hueco necesario para alojar la bisagra.

3 El siguiente paso es el corte en la puerta del hueco para alojar la bisagra. Esto puede hacerse con un taladro sin cable, usando una broca especial para bisagras. Asegúrese de que la punta de la broca para bisagras se coloca exactamente en el punto marcado como centro del nuevo hueco. Corte con cuidado en la puerta, prestando atención a taladrar la profundidad deseada exactamente.

4 Limpie minuciosamente el hueco y atornille en él la bisagra, comprobando que está bien alineada con el borde de la puerta. Antes de volver a colocar la puerta, rellene el hueco antiguo con un relleno que encaje.

5 Use la misma medida para marcar en el interior del lateral del mueble la nueva posición de la placa de la bisagra. Fije en esta nueva posición la placa, atornillándola fuertemente. Cuelgue la puerta y atornille la bisagra a la placa. Finalmente, rellene los agujeros viejos de la puerta y el cuerpo y, si es necesario, pinte sobre ellos para tener un acabado casi tan bueno como cuando era nuevo.

Reparación rápida

Como alternativa a cortar una nueva bisagra, a veces puede volver a fijarse la placa de la bisagra con ayuda de una resina.

1 Retire la placa de bisagra aflojada, e introduzca resina en los agujeros viejos.

2 Reponga la placa de la bisagra y atorníllela en su lugar, sujetándola en esa posición hasta que la resina endurezca. Probablemente aparecerá por los bordes de la placa un exceso de resina al atornillar. Quítelo con un trapo antes de que pueda secar. Vuelva a poner la puerta una vez que la resina se haya endurecido completamente.

Problemas de cajones

Así como los problemas de bisagras son los comunes en las puertas de los muebles, el mayor problema en los cajones suele ser el de las uniones atornilladas de los tiradores o el de los frontales de los propios cajones. En cualquiera de los casos, puede usarse un adhesivo para reforzar la unión y dejar los cajones en servicio.

Herramientas para el trabajo

Taladro sin cable

Mordazas (opcional)

Destornillador

Reparación de frontales

1 Los frontales de cajones se aflojan a menudo, al disminuir la efectividad de su unión atornillada con el uso constante. Para remediar este problema, sencillamente desatornille el frontal y aplique en su cara posterior una generosa cantidad de cola de madera o pva.

2 Vuelva a atornillar el frontal al cuerpo del cajón. Es importante que la cara posterior del frontal y la anterior del cuerpo queden fuertemente apretadas, para asegurar una adhesión adecuada. Por ello, puede tener que

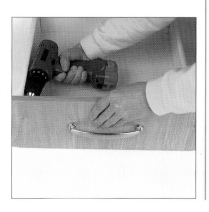

usar algunas mordazas para mantener el frontal bien sujeto. Aunque las uniones atornilladas hayan quedado algo flojas, el efecto combinado de tornillos y cola mantendrá el frontal en la posición deseada.

Reparación de tiradores

1 De nuevo, la apertura y cierre cotidiano de los cajones se cobrará un peaje en la fijación atornillada de los tiradores, que pueden quedar flojos o, incluso, caer. Por razones estéticas obvias, no es posible el volver simplemente a colocar en su posición el tirador y volverlo a fijar. Para reparar un tirador aflojado, necesitará soltarlo y aplicar una pequeña cantidad de resina en la rosca del perno de fijación.

2 Vuelva a atornillar el tirador en su posición, usando arandelas para facilitar el reparto de la fuerza realizada al abrir el cajón. Esta técnica también puede utilizarse en tiradores de puertas y en manillas con un solo punto de anclaje.

reparación de azulejos y baldosas

Este término se aplica a las dos áreas diferentes que constituyen una superficie alicatada; esto es, a los azulejos o baldosas, propiamente dichos, y a las juntas de lechada. El deterioro de cualquiera de las dos superficies empeorará el aspecto de la cocina, por lo que habrá que solucionar estos problemas para mantener la apariencia de su cocina.

Sustitución de un azulejo roto

Herramientas para el trabajo

Taladro sin cable

Formón para lechada

Equipo de protección

Martillo

Cortafríos

Rasqueta

Cepillo para desempolvar

Extendedor de adhesivo

Un azulejo astillado o roto puede empeorar el aspecto de toda una superficie alicatada. En muchos casos, los daños son causados por golpes; pero, en muchas ocasiones, pequeñas deficiencias de la estructura del azulejo ocurrido en la fabricación pueden producir fisuras en una fecha muy posterior. La técnica para rectificar la situación será la misma y conlleva la extracción del azulejo dañado y su sustitución por uno nuevo.

1 Muchos azulejos rotos suelen estar tan flojos que pueden retirarse literalmente con la ayuda de un escoplo o rasqueta. Sin embargo, en la mayor parte de los casos, se encontrará que el adhesivo todavía mantiene el azulejo en su sitio fuertemente. Por tanto, conviene debilitar la estructura del azulejo, taladrando varios agujeros en él. Para ello, ponga una broca para azulejos o una broca de albañilería en un taladro sin cable. Tenga cuidado de que las brocas no resbalen, dañando los azulejos cercanos. Taladre recto, hasta que la broca toque (o usted piense que toca) la superficie de la pared por debajo del alicatado. Esto ayudará a romper y quitar el azulejo.

✋ Consejo de seguridad

La fuerza empleada en arrancar azulejos y baldosas viejos puede hacer que salten trocitos en cualquier dirección. Por ello, recuerde que debe usar equipo de protección. Las gafas de seguridad son esenciales para proteger los ojos.

2 Para aflojar más el azulejo, use un formón para lechada, a fin de eliminar la lechada endurecida alrededor de los bordes. Escarbe tanta lechada como pueda, pero tenga cuidado de no dañar los bordes de los azulejos adyacentes.

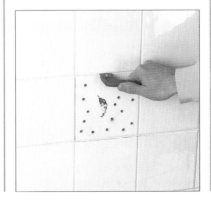

3 Use un mazo y un cortafríos para arrancar gradualmente los pedazos de azulejo. Una vez arrancado el primer trozo, será más fácil colocar la punta del cortafríos en la junta entre el azulejo y la pared, facilitando el hacer palanca hacia fuera hasta que se limpie todo el espacio.

4 Trate de quitar el adhesivo endurecido que pueda quedar en la superficie de la pared, con ayuda de una rasqueta. Si esto resulta poco efectivo, utilice el cortafríos para sacar a golpes los trozos de adhesivo hasta llegar a la pared. Si deja trozos de adhesivo sobresaliendo, el nuevo azulejo asentará más afuera de la superficie alicatada. Limpie cualquier escombro suelto con ayuda de un cepillo para el polvo.

5 Tras quitar el azulejo roto y los restos de adhesivo completamente, aplique nuevo adhesivo al nuevo azulejo y presiónelo en su lugar. Inserte espaciadores, perpendicularmente a lo largo del borde, para dejar una holgura uniforme en la que poner la lechada. Una buena idea en esta etapa es poner un listón por encima del azulejo nuevo y los cercanos, para comprobar que quedan al mismo nivel.

6 Una vez que el adhesivo ha secado completamente, puede retirar los espaciadores y poner lechada en las juntas de la forma habitual.

Volver a poner lechada entre los azulejos

Herramientas para el trabajo

Rascador para lechada

Cepillo de polvo

Aspirador

Dispensador de lechada

Esponja

Formón para lechada

Trapo

Se puede reemplazar con facilidad la lechada sucia o estropeada, simplemente rascando y volviendo a poner una nueva mezcla. Además de resaltar la apariencia de la superficie, esta tarea puede contemplarse como una renovación de las propiedades de estanqueidad de la superficie.

1 Extraiga la lechada vieja con un rascador para lechada. Escarbe con su hoja en las juntas, pero trate de no dañar los bordes de los azulejos.

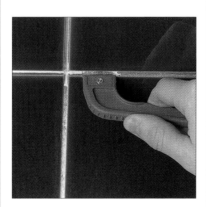

2 Limpie con un cepillo y aspire las juntas, de modo que no queden restos de polvo o piedrecillas entre los azulejos. Sea minucioso en esta operación, ya que cualquier resto de polvo o piedrecillas contaminará la nueva lechada, afectando a su acabado liso y creando puntos débiles para la penetración de agua.

3 Aplique la lechada en la forma habitual (ver la página 105), presionándola firmemente a lo largo de las juntas. Quite los excesos de lechada con una esponja húmeda, a medida que avance. En algunos casos puede labrar la junta con un formón, para lograr un aspecto aún más limpio. Finalmente, pula la superficie con un trapo seco.

OTRAS REPARACIONES

Las opciones de reparación anteriormente mostradas pueden usarse igualmente en alicatados de encimeras y baldosas de suelos. En el caso de encimeras, puede tener que aplicar una disolución para adhesivo polivalente en las superficies expuestas, antes de volver a aplicar el adhesivo.

La principal diferencia, en el caso de baldosas de suelo, es que éstas son más gruesas y fuertes que los azulejos de pared, así que necesitará un equipo más pesado, tal como un taladro de potencia, para taladrar su superficie. De igual modo, la lechada entre las baldosas será más espesa que la empleada en las paredes, por lo que esta tarea requerirá un mayor esfuerzo físico.

sustitución de grifos y zapatas ⁄⁄⁄

Durante la vida útil de un grifo, casi con seguridad deberán sustituirse sus zapatas. En algunos casos, habrá que cambiar un grifo, bien porque esté viejo y se agarrote, bien porque desee un nuevo aspecto.

Los diseños de grifos antiguos o de estilo tradicional suelen tener zapatas de goma para hacer el cierre entre el obturador y el asiento del cuerpo. Los diseños modernos pueden tener sistemas patentados totalmente diferentes. Los cartuchos son cada vez más habituales en el diseño de grifos, y, si hay problemas, hay que cambiar el cartucho completo. El diseño del grifo es, por tanto, una consideración importante al acometer la reparación de fugas y goteos.

Sustitución de grifos

La sustitución de un grifo es un proceso sencillo, pero recuerde que debe elegir un diseño compatible con el fregadero existente (por ejemplo, si sólo hay un agujero en el fregadero, el diseño se debe limitar a grifos monobloc) y tratar de asegurarse de que las tuberías necesarias para volver a conectar el nuevo grifo son compatibles con los accesorios existentes.

Herramientas para el trabajo

Llaves inglesas (opcional)

Alicates de pivote deslizante

1 Corte el agua en las válvulas de servicio. Si el fregadero no dispone de válvulas de servicio, cierre las llaves de paso generales. Abra el grifo para eliminar el agua del mismo. Desenrosque la tuerca posterior, bajo el fregadero, que es la que sujeta en su sitio el grifo y la arandela inferior de la junta. Puede

necesitar aflojar previamente con una llave. Desconecte los tubos de suministro desde las válvulas de servicio. En los sistemas modernos suelen estar unidas con juntas roscadas o a presión; sin embargo, en modelos antiguos puede tener que cortar el tubo.

2 Retire el grifo antiguo del fregadero a través del agujero correspondiente.

3 Una los nuevos tubos de suministro (en el ejemplo se utilizan latiguillos roscados para grifo) y coloque la nueva arandela de sellado en la base del grifo nuevo.

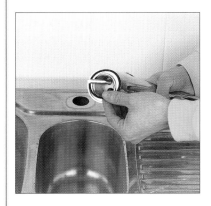

4 Asegure en su sitio el nuevo grifo con la tuerca y arandelas suministradas. La conexión puede ser sencillamente a rosca o llevar juntas a compresión para formar un sellado estanco. Consulte siempre las instrucciones del fabricante para el diseño específico de la conexión. Vuelva a dar el suministro del agua, una vez que el grifo ha sido totalmente conectado.

Sustitución de zapatas y juntas

Los ejemplos siguientes muestran la técnica básica para sustituir zapatas de goma, aunque el tipo de zapata, así como el acceso hasta ella y el modo de cambiarla, pueden variar según el modelo de grifo. Antes de cambiar una zapata, asegúrese de que ha cortado el agua en una válvula de aislamiento o en la red.

Herramientas para el trabajo

Punta de destornillador
Destornilladores
Alicates de pivote deslizante
Llaves inglesas

Arandelas del surtidor

1 Desenrosque el tornillo de retención que sujeta en su sitio el surtidor. Suele estar en la parte posterior del surtidor, con un acceso difícil, por lo que una punta de destornillador puede ser la herramienta adecuada para desenroscar ese tornillo.

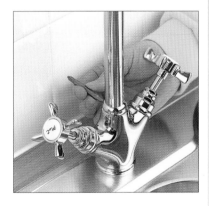

2 Una vez quitado el tornillo de retención, puede retirar el surtidor. Suele haber dos arandelas en la base del surtidor: una de ellas se denomina arandela de junta superior, en tanto que la otra se llama junta tórica.
Use la punta de un destornillador para extraer ambas y deslice las nuevas arandelas en su lugar.

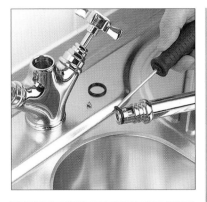

Zapatas

Son las arandelas que necesitan un cambio más frecuente y están situadas muy en el fondo, en el interior del cuerpo del grifo, en el extremo del husillo.

1 Tire simplemente del casquete de la llave del grifo para descubrir el tornillo de retención. Desenrosque éste para quitar la llave.

2 Desenrosque el cuerpo, usando unos alicates de pivote deslizante. Proteja el cuerpo del grifo de arañazos cubriendo los alicates con un paño o, como se muestra aquí, con cinta de carrocero.

3 Una vez descubierto el husillo, sujete éste firmemente con una llave inglesa y desenrósquelo. Si el ajuste está muy apretado, puede necesitar otra llave para sujetar el grifo en su sitio.

4 Tire de la zapata vieja de la base del husillo con un destornillador y coloque en su lugar, empujando, una nueva zapata. En algunos casos, la zapata puede estar sujeta con un pequeño perno o tornillo, que debe ser quitado para retirar la zapata vieja e instalar la nueva. El grifo puede ser montado de nuevo, siguiendo, a la inversa, el mismo procedimiento, y se puede volver a dar el suministro de agua.

Consejos profesionales

A veces resulta difícil encajar en su sitio la nueva zapata. Si le ocurriera esto, ablande previamente la zapata nueva en agua templada, para facilitar el proceso.

mantenimiento de fontanería ⤢

Muchos problemas importantes se pueden evitar con un buen mantenimientos de los sistemas de fontanería de la cocina. El mantener limpios y sin obstrucciones los desagües puede evitar taponamientos que ocasionen un mayor daño. Observando la velocidad de vaciado de su fregadero, puede hacerse una idea de los problemas a que se enfrenta. Es por ello mejor acometer la solución de pequeñas obstrucciones que reaccionar ante una más seria.

Utilización de limpiadores químicos

Existen en el mercado varios limpiadores químicos, en su mayor parte cáusticos (conteniendo en general hidróxido sódico), por lo que siempre debe usar guantes de protección al utilizarlos. Idealmente, deben usarse en cuanto aparece el primer síntoma de obstrucción. De ese modo puede disolver el material que causa el taponamiento antes de que pueda acumularse a niveles de daño.

1 Lea cuidadosamente las instrucciones del fabricante, aunque, en general, bastará verter una o dos cucharadas de limpiador a través del sumidero del fregadero.

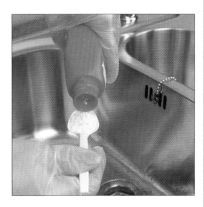

2 Haga correr una pequeña cantidad de agua para que no quede ningún gránulo en la parte expuesta del cuenco del fregadero. Deje que el desatascador actúe durante 20 minutos o media hora, antes de limpiar el sistema, dejando correr agua. Puede ser necesaria una segunda aplicación para limpiar el taponamiento, pero si, tras ella, se mantiene, es probable

que se requiera el empleo de un método alternativo. Asegúrese de que dispone de una adecuada ventilación al realizar esta tarea, ya que los vapores pueden ser peligrosos.

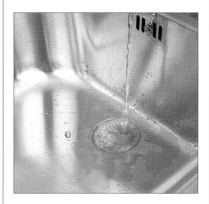

✋ Consejo de seguridad

En las viviendas que tengan, como parte de su sistema de drenaje, una fosa séptica, no debe usarse este tipo de desatascador químico. En su lugar, debe usarse un tratamiento basado en bacterias.

Utilización de desatascadores

Cuando no sean efectivos los limpiadores químicos, la siguiente opción es la de usar un desatascador de fregaderos. La aspiración creada entre el desatascador y el sumidero del fregadero provoca una presión en el tapón, forzándolo fuera del sitio.

1 Para que el desatascador sea efectivo, hay que crear una barrera al aire en el sistema de drenaje. Esto puede conseguirse introduciendo un trapo en la ranura del rebosadero.

2 Se coloca entonces el desatascador de ventosa sobre el desagüe del fregadero, de modo que el mecanismo de succión se ajuste perfectamente al borde del agujero de drenaje. Si se está usando un desatascador de ventosa tradicional, solamente tiene que empujar hacia arriba y abajo el mango de madera para que se establezca la succión necesaria para deshacer el atasco. Sin embargo, en nuestro ejemplo se utiliza un modelo de desatascador especialmente moderno, pero que funciona de forma parecida a los tradicionales, sólo que con éste se absorbe el agua y después se propulsa a mayor presión sobre el atasco. Mediante movimientos rítmicos hacia arriba y abajo de la manilla de este desatascador se consigue presión suficiente sobre el atasco como para deshacerlo.

Retirada de sifones

Si sus intentos de deshacer el tapón desde el nivel del fregadero han sido infructuosos, puede tener que fijarse en la parte inferior, y considerar las tuberías de desagüe y el sifón. Puede tener que quitar el sifón y limpiarlo a mano para eliminar el taponamiento.

1 En la mayoría de los sifones, simplemente desenrósquelos a mano. Sin embargo, en conexiones especialmente rígidas o sólidas, puede necesitar unos alicates de pivote deslizante para tener un mejor agarre y una acción superior de palanca para desenroscar. Antes de desenroscar coloque siempre un cuenco para recoger el agua que salga.

2 Limpie el sifón con agua abundante y quite con sus dedos cualquier pieza grande que pudiera contribuir al taponamiento. Como puede ser un trabajo sucio, puede convenir la utilización de guantes para proteger sus manos.

3 Antes de volver a colocar el sifón, puede aprovechar para renovar las juntas de sellado.

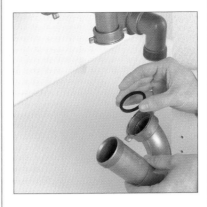

Utilización de un desatascador de muelle

Los desatascadores de muelle son herramientas idóneas para toda forma de taponamiento y cuando un fregadero, o más bien un sistema de desagüe, está taponado, un desatascador de este tipo puede ser la mejor herramienta para corregir la situación. El largo muelle y el mecanismo de manivela le dan un buen acceso al tapón y le proporcionan la fuerza suficiente para deshacerlo y liberarlo.

1 Suelte el sumidero del fregadero para disponer de acceso a la tubería de desagüe. Extraiga un tramo de muelle del desatascador que pueda insertarlo en la tubería de drenaje. Cuando retire el sumidero, recuerde que debe tener un cuenco a mano para recoger el agua que va a verterse.

2 Inserte la sección de muelle del desatascador en la tubería y gire la manivela, de modo que se atornille en el hueco de la tubería hasta que toque el tapón. Siga girando la manilla del desatascador, de modo que penetre en el taponamiento, deshaciéndolo, y haciendo más fácil el lavado con agua de la tubería.

Consejos profesionales

Cuando un sifón gotea, o tiene fuga en una unión roscada, y no encuentra arandelas de junta del tamaño adecuado, puede eliminar la fuga sellando con silicona. Desmonte la sección. Séquela minuciosamente y aplique sellador de silicona en la rosca. Móntela de nuevo. Espere a que la silicona haya secado, antes de volver a usar el fregadero.

MANTENIMIENTO DE MÁQUINAS

Las lavadoras y lavavajillas requieren poco mantenimiento general, diferente de la comprobación del estado de las tomas de agua y desagües y de la ausencia de fugas y goteos. Sin embargo, conviene seguir las instrucciones del fabricante del aparato de que se trate. Por ejemplo, puede tener que necesitarse una limpieza o sustitución periódica de filtros para permitir que la máquina funcione a un nivel óptimo.

renovación de una cocina

No siempre se requiere hacer una instalación completa de cocina para dar una nueva vida a la habitación de su cocina. En muchos casos, una mera decoración nueva, junto con la adición de nuevos accesorios o la sustitución del recubrimiento del suelo, pueden ayudar a rejuvenecer el aspecto cansado de su cocina. Los elementos superficiales, más que los estructurales, constituyen un buen punto de atención en la transformación de la cocina.

Este capítulo contiene ejemplos de diferentes zonas y superficies de la cocina, y de cómo pequeñas renovaciones en dichas zonas pueden ayudar a cambiar la apariencia general de la habitación.

Además de ser mucho más rápida que una renovación total, la realización de cambios menores que conlleven el mayor impacto puede ser la forma más económica para dar un nuevo aspecto a su cocina.

Un nuevo esquema de colores, el cambio de la encimera sobre el último armario y una nueva zona de salpicadura han proporcionado a esta cocina un lavado real de cara.

sustitución de encimera ⟋⟋⟋⟋

Cuando los muebles de cocina están todavía en buen uso, pero la encimera ha sufrido el desgaste de los años, el simple cambio de la encimera puede modernizar la apariencia de la cocina. Este proceso puede ser sencillo en tramos rectos e ininterrumpidos; pero cuando se han encastrado en la encimera placas de quemadores o fregaderos, el proceso resulta algo más complicado.

👍 Consejos profesionales

Antes de cambiar una encimera, verifique que las dimensiones del nuevo tramo encajan con la posición del existente. Esto puede resultar obvio en términos de longitud y fondo, pero hay que considerar también la altura. Por ejemplo, si la altura de la nueva encimera es mayor, no encajará en la última fila de azulejos. Si es de menor altura, encajará, pero puede ser necesario algún tipo de banda de cubrición para tapar la mayor holgura resultante en el borde posterior de la encimera. También pueden tener que reducirse las longitudes de las tuberías y conexiones de los suministros de agua. Por ello, compruebe con atención tales medidas, antes de comenzar el trabajo.

Herramientas para el trabajo

Cinta métrica

Lápiz

Llaves inglesas

Alicates de pivote deslizante

Cuchillo o cúter

Sierra de calar

Rascador de lechada

Taladro/destornillador sin cable

Destornillador

Dispensador o pistola de sellador

1 Primeramente corte el suministro de agua y desconecte los grifos, siguiendo el procedimiento de las páginas 120-121. Desconecte también el desagüe del fregadero. Antes de desmontar otros accesorios de la encimera, hay que liberar de la pared el borde posterior de la encimera. Aunque no suele haber anclajes físicos en esta zona, el sellado de silicona o la lechada pueden haber originado una buena unión entre la encimera y la pared, a lo largo del borde. Corte con un cúter el sellador de silicona.

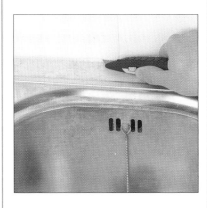

2 Utilice un rascador de lechada para romper aún más el sellado del borde posterior de la encimera. Pase la herramienta minuciosamente por todo el borde. Cuanto más material saque en esta etapa, tanto más fácil le será quitar de su sitio la vieja encimera.

3 Ahora ponga su atención en los anclajes atornillados de la parte inferior de la encimera. Quite todos los tornillos, tanto en la parte posterior como frontal de la encimera.

4 Desatornille los tornillos de fijación de los clips que sujetan el fregadero. Puede convenirle para ello el desmontaje de la puerta.

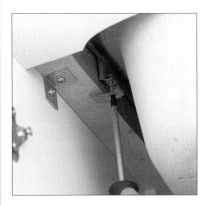

5 La encimera y el fregadero pueden ahora retirarse de la parte superior de los muebles. Emplee a un ayudante para levantar la encimera y retirarla completamente.

6 Retire el fregadero y coloque la encimera vieja sobre el nuevo tramo. De este modo, puede utilizarse la encimera vieja como plantilla para la instalación de la nueva. Trace líneas de referencia para el borde posterior y el encaje del fregadero. Si además de la encimera va a sustituir el fregadero, conviene instalar antes la encimera y cortar después el hueco para el fregadero, en su posición, tal como se ha indicado en las páginas 72-73.

7 Use una sierra de calar para cortar a lo largo de las líneas de referencia y eliminar la parte necesaria para encajar el fregadero. Para tener acceso a la hoja de la sierra de calar, ponga una broca de cabeza plana en el taladro sin cable y haga agujeros en la encimera por dentro de la línea de referencia. Tras insertar la hoja de la sierra, lleve ésta a la línea de referencia. Según vaya cortando, asegúrese de que la encimera está bien apoyada, de modo que el peso de las partes que se están eliminando no fracture el borde del corte, dañando el aspecto final.

8 Vuelva a colocar la encimera. De nuevo necesitará, probablemente, un ayudante para izarla y volverla a bajar en su posición. Verifique que la encimera queda bien alineada, especialmente en la posición del fregadero, antes de hacer las uniones atornilladas en la cara inferior, fijándola en su sitio.

9 Inserte el fregadero y reutilice los clips para sujetarlo en su lugar. Puede ahora volver a instalar los grifos, reconectar los desagües y volver a dar el suministro de agua. Para finalizar el trabajo y garantizar un sello estanco al agua, se necesita poner un nuevo cordón de sellador de silicona a lo largo del borde posterior de la encimera.

Consejo de seguridad

Si tiene alguna duda sobre la desconexión o conexión del suministro de agua, busque ayuda profesional. Cuando se requiere reponer una superficie de trabajo que contenga una placa de quemadores, contrate a un profesional para desconectar o conectar los suministros de gas y eléctrico.

La sustitución de una encimera puede cambiar totalmente el aspecto de la cocina, proporcionando una nueva superficie de trabajo inmaculada, al tiempo que mejora el aspecto de los elementos y accesorios existentes.

sustitución de puertas y tiradores ↗

El estilo de cocina se logra a menudo mediante los tipos de puertas, frontales de cajones y tiradores utilizados en el diseño. Los cuerpos de los muebles en sí mismos no tienen mucho que ver con el aspecto de una cocina, así que, para cambiar el estilo, y siempre que el estado de los cuerpos sea bueno, sólo se necesita hacer cambios en los elementos más evidentes, tales como los frontales y/o tiradores de los armarios. El cambio de los tiradores es, ciertamente, una forma muy económica de modificar la apariencia de una cocina, mientras que la sustitución de puertas y frontales de cajones es más importante, pero su coste se verá incrementado.

Opciones de diseño

Siempre hay muchas opciones en la elección en este tipo de cambios y el gusto personal será el factor determinante en la selección. A continuación se dan tan sólo unos ejemplos de frontales de armarios y manillas, que muestran ligeras diferencias de diseño y acabado. Recuerde que, cuanto elija, especialmente en el caso de puertas, debe asegurarse de que encajan con los muebles existentes en su cocina. Diferencias de tamaño sutiles pueden no ser fácilmente apreciables al elegir un fabricante, por lo que debe comprobar cuidadosamente las dimensiones.

PUERTAS

Puerta de panel de madera.

Puerta de panel laminado con aspecto de madera.

Puerta de acabado pintado.

Puerta lisa de madera maciza.

POMOS

Latón.

Madera.

Cerámica.

Porcelana.

MANILLAS

Latón.

Madera.

Tirador de cajón de latón antiguo.

Tirador de cajón de latón.

Acero pulido.

Herramientas para el trabajo

Taladro sin cable

Destornillador

Escuadra

Lápiz

Bloque de madera

Cambio de puertas

La sustitución de puertas es un proceso simple cuando las puertas viejas pueden ser desatornilladas en las bisagras, instalándose las nuevas. En algunos casos, lo adecuado será la reutilización de las bisagras viejas, pero si hay diferencias en los diseños de los fabricantes, tendrá que instalar nuevas. De igual modo, puede tener que cambiarse las placas de las bisagras que se unen a los cuerpos.

Cambio de tiradores

Casi todos los tiradores de cocina son intercambiables, ya que las diferencias entre fabricantes suelen causar muchos problemas. Si cambia de tiradores tipo pomo a manillas, tendrá, sin embargo, que hacer un taladro adicional, mientras que si cambia de manilla a pomo, tendrá que rellenar el agujero sobrante y pintar el mueble para ocultarlo.

Cambios simples

1 Sujete firmemente el pomo o manilla y desatornille los tornillos de fijación.

2 Coloque el nuevo pomo o manilla y atorníllelo en su sitio. Comience este proceso a mano, antes de utilizar un destornillador en el apriete final.

Cambio de pomo a manilla

1 Use una escuadra para medir hacia abajo, desde el agujero existente hasta un punto a una distancia igual que la existente entre los puntos de unión roscada de la nueva manilla.

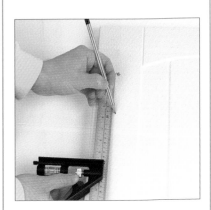

2 Marque la posición con precisión. Si está descolocada, la rosca del tornillo puede no casar con la de la manilla.

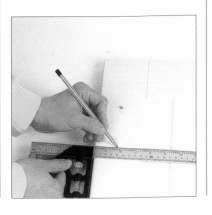

3 Taladre en el punto marcado. Coloque un bloque de madera en el otro lado de la puerta, para que cuando la broca penetre en él no haga saltar el agujero, dañando la superficie de la puerta.

4 Presente la nueva manilla sobre los agujeros y apriete las fijaciones con un destornillador.

129

FRONTALES DE CAJONES

En la sustitución de pomos o manillas de cajones, puede encontrar otro tipo de problemas. La sustitución de un pomo por otro es sencilla, pero la sustitución de un pomo por una manilla es más difícil, ya que tendrá que hacer dos nuevos agujeros, dejando un agujero en el centro del frontal. El frontal del cajón tendrá que pintarse para ocultar dicho agujero central. Incluso en el caso de cambiar una manilla por otra, deberá comprobar que las distancias entre los pernos de fijación son iguales.

transformación de muebles

Como alternativa a la sustitución de puertas, tiradores y frontales de cajones, puede trabajarse o añadirse otros acabados sobre los muebles existentes y sus frontales, con objeto de cambiar su apariencia. Para todas las transformaciones de muebles se necesita que éstos estén en buen estado, de modo que sus esfuerzos tengan resultados duraderos, así como que estas tareas se realicen con una preparación adecuada, de modo que el acabado resulte igualmente durable. Los fabricantes actualizan constantemente las ideas y materiales necesarios. A continuación se dan tan sólo algunos ejemplos de opciones disponibles.

Adición de paneles

Herramientas para el trabajo

Lápiz
Cinta métrica
Escuadra
Taladro sin cable

Con objeto de aumentar el interés de un frontal de armario plano o liso para lograr un acabado de mayor textura o tridimensional, se pueden comprar molduras y cortarlas a medida, o bien, como en el ejemplo, se pueden comprar kits patentados, cuando los paneles están vestidos y sólo se requiere su ajuste. Aunque esta técnica es algo más cara, ahorra mucho tiempo y asegura que las esquinas en inglete son precisas.

1 Con un lápiz y la escuadra mida la posición idónea para fijar los paneles a las puertas. Es mejor quitar las puertas y extenderlas para la realización de este trabajo.

2 La mayoría de los paneles se unen mediante cinta adhesiva por ambas caras. Pele la cinta de la parte posterior de las molduras

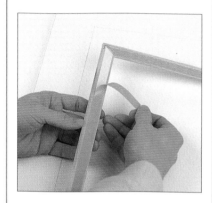

3 Coloque las molduras de modo que queden alineadas con las marcas de lápiz. El adhesivo es muy potente, pero puede realizar ajustes de poca importancia antes de su secado final.

4 Probablemente la posición de las nuevas molduras pueda hacer necesario el traslado de los tiradores. Simplemente, retírelos y tape los agujeros de los tornillos. Mida a continuación una posición adecuada para taladrar la puerta y fijar los tiradores.

Consejos profesionales

• Con objeto de obtener la mejor adherencia, limpie y seque minuciosamente la puerta antes de aplicar el panel.

• Si no utiliza molduras autoadhesivas, podrá usar puntas para colocarlas. Puede ser conveniente el uso de un poco de pegamento polivalente en la parte posterior de las molduras, para aumentar la fortaleza de la unión. Debe remeter las cabezas de las puntas antes de proceder a la decoración.

• Normalmente las puertas recién paneladas requerirán ser pintadas. Use un cubrimiento en paneles con acabado laminado o de melanina. En el caso de puertas de madera barnizada se debe lijar y dar una imprimación antes del pintado. Si prefiere que los paneles y los fondos tengan diferente color, conviene pintarlos por separado, antes de la colocación de los paneles. De esta forma la línea divisoria entre cada color será marcada, y no se necesitará tanto tiempo ni cortes delicados.

ELEMENTOS MODELADOS

En lugar de mediante la adición de paneles, se puede lograr un efecto de panelado con una fresadora. Fresando con la herramienta de corte adecuada, se puede dar una forma de molduras a los frontales de las puertas. Esta técnica se reserva para los trabajadores de la madera más avanzados.

Recubrimiento de puertas

Una alternativa a la adición de molduras a una puerta lisa es la de cubrirla simplemente con un papel de empapelar. Hay compañías dedicadas a su fabricación. Este papel es autoadhesivo y la técnica de colocación es la misma que la de empapelar paredes.

Herramientas para el trabajo

Cinta métrica y lápiz

Tijeras

Cúter

Bloque para lijar

Taladro sin cable

1 Retire las manillas y lije la superficie de la puerta para aumentar la adherencia.

2 Use una esponja empapada para limpiar el polvo y deje que seque la superficie.

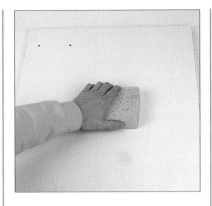

3 Con unas tijeras corte el papel a un tamaño algo mayor al de la puerta. (La anchura de los rollos deberá ser algo mayor que la de las puertas.) Pele una parte pequeña del papel y coloque el rollo sobre la parte superior de la puerta.

4 Desenrolle poco a poco el papel, quitando la protección posterior y permitiendo que se pegue a la puerta. Use el corte de fábrica a lo largo de uno de los bordes de la puerta.

5 Alise la superficie del papel para eliminar burbujas, y utilice un cúter para eliminar lo que sobresalga.

6 Use una lija de grano fino, para lijar suavemente los bordes de la puerta y evitar que los bordes del papel se levanten de la superficie.

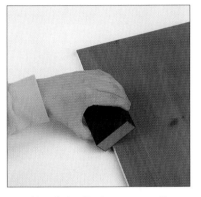

7 Atornille los tiradores en su sitio. Si está cambiando el diseño de los tiradores, rellene los agujeros de tornillos que no van a usarse, antes de la colocación del papel. Taladre entonces los nuevos agujeros.

ELEMENTOS DE CAJÓN

En estos ejemplos se ha usado una puerta con un propósito ilustrativo. Se puede adoptar la misma técnica para los frontales de cajones, mezclando el acabado del conjunto.

pintado de muebles ⚒

El grado de éxito en el pintado de los muebles es directamente proporcional a la extensión de la preparación de las superficies. La mayoría de los muebles de cocina están barnizados o tienen un acabado laminado o de melanina, ninguna de la cuales es una superficie que permita un pintado directo. Sin embargo, las imprimaciones y materiales modernos hacen posible la aplicación de pintura con éxito sobre estas superficies, siempre que se siga un orden correcto de trabajo. La pintura puede aplicarse para dar un único color o para dar un acabado general opaco. Como alternativa se puede buscar un efecto de pintura envejecida para dar más carácter al diseño de la cocina.

Preparación para el pintado

Herramientas para el trabajo

Esponja

Lija

Brocha

Trapo

Las imprimaciones patentadas o el "esp" son los materiales de agarre en el pintado de muebles. Antes de aplicarlos, es preciso completar otras etapas del proceso de preparación. El desmontaje de las puertas y su colocación sobre el suelo pueden facilitar la tarea; pintando los frontales en una posición plana se reduce la posibilidad de goteos y escorreduras en el acabado.

1 La etapa primera y crucial es la de hacer una limpieza minuciosa del área que se va a pintar. Use una disolución templada de detergente para lavar las superficies, eliminando cualquier traza de suciedad o grasa. Aclare la puerta con agua limpia templada y déjela secar.

2 Lije toda la superficie de la puerta para proporcionar un buen agarre a la pintura. Asegúrese de cubrir todas las zonas. Cuando sea necesario, dé forma al papel de lija para acceder a los rincones más intrincados de las puertas.

3 Cepille la superficie con un cepillo de polvo y pase un trapo una vez más para eliminar cualquier partícula de polvo. Deje secar bien antes de aplicar una mano "esp" con una brocha.

4 Limpie los excesos de "esp" con un trapo y deje que se seque completamente el resto de producto. Una vez que la superficie esté completamente seca, puede aplicar el acabado de pintura.

Envejecimiento de muebles

Los efectos de la pintura son una buena forma de alejarse de aspectos más tradicionales, dando una textura que de otro modo daría un acabado plano. El envejecimiento artificial da un maravilloso aspecto de vida que crea una sensación hogareña ideal para un ambiente de cocina. El procedimiento de preparación para crear este efecto es el mismo que se muestra en la cara opuesta, pero cuando se llega a la aplicación real de la pintura se debe seguir un procedimiento específico para obtener el efecto deseado. Un auténtico aspecto envejecido requiere dos colores principales. Experimente para lograr la combinación de colores que desee.

TIEMPO DE IMPRIMACIÓN

Las instrucciones para la aplicación del "esp" y las imprimaciones patentadas varían, dependiendo de cada fabricante. Preste cuidadosa atención a estas instrucciones, ya que el tiempo entre aplicación, eliminación y pintado puede ser fundamental para lograr un buen acabado general.

Herramientas para el trabajo

Brocha
Bloque para lijar

1 Aplique un recubrimiento de base a la puerta, repartiendo la pintura con la brocha. Permita que seque y dé una mano de recubrimiento adicional.

2 Añada una pizca de gelatina de petróleo sobre la superficie, prestando mucha atención a las juntas de bordes y esquinas.

3 Pinte una capa de acabado. Deje que seque y dé una nueva capa.

4 Una vez que haya secado la segunda capa, pase una lija muy fina por toda la superficie de la puerta. Donde haya aplicado la gelatina de petróleo, la pintura no se habrá adherido, y se desprenderá con la pasada de la lija. También puede ser efectivo el frotar vigorosamente en algunos lugares, con objeto de tener un buen contraste en el acabado.

5 Limpie el polvo de la puerta y selle el acabado aplicando una o dos capas de barniz. Una vez que el barniz haya secado, puede volver a colocar la puerta.

OTRAS OPCIONES

- **Emulsión:** La pintura con emulsión seca muy rápidamente, con lo que pueden aplicarse varias capas en un solo día. También pueden usarse barnices acrílicos o al agua para sellar las superficies.

- **Alternativa a la gelatina de petróleo:** Un fluido de protección de superficies (antiadherente) puede servir en sustitución de la gelatina.

- **Madera expuesta:** Para obtener un aspecto aún más distorsionado, aplique gelatina de petróleo antes de la capa de base, de modo que se muestre a través de ella la madera desnuda.

133

Los muebles pintados proporcionan calor y confort en la cocina, añadiendo color y armonía al esquema general.

renovación de zonas de salpicadura ⚒

Entendemos por zona de salpicadura al área de la pared que queda por encima de la junta entre la encimera y la superficie de la pared. Esta zona soporta una gran abrasión, y por ello puede tener que ser renovada o sustituida antes que el resto de la cocina. La sustitución de la zona de salpicadura por otro tipo de acabado es un medio relativamente barato de cambiar el aspecto de la cocina, sin una renovación en profundidad.

Vidrio

El aspecto minimalista de una zona de salpicadura en vidrio es cada vez más frecuente. Los fabricantes suelen suministrarlas junto con un juego de anclajes patentado, que permiten una instalación muy simple.

Herramientas para el trabajo

Cinta métrica
Lápiz
Taladro sin cable
Llave Allen
Destornillador

1 Marque las dimensiones precisas de la zona de salpicadura en vidrio en la pared situada detrás de los quemadores, para asegurar que queda centrada con respecto a la placa de cocina.

2 Sujete el vidrio de la zona de salpicadura contra la pared y marque la posición de los anclajes a través de los agujeros pretaladrados en el vidrio. La exactitud es esencial, ya que la falta de precisión en la situación de los anclajes puede provocar el daño del vidrio al ajustarlo en su sitio.

3 Retire el vidrio y haga los agujeros en las posiciones marcadas en la pared, utilizando la broca adecuada.

4 Estos vidrios se anclan con unas clavijas metálicas. Atornille éstas con una llave Allen.

5 Antes de fijar el vidrio contra la pared mediante tornillos de espejo, coloque unas arandelas de goma para proteger el vidrio al atornillar. No apretar los tornillos excesivamente. Por ello es mejor el uso de un destornillador manual, con el que se puede hacer mayor control.

6 Coloque los casquetes suministrados sobre los tornillos de espejo para completar la zona.

👍 Consejos profesionales

Recuerde que debe pintar la pared antes de la colocación del vidrio, ya que su aspecto se seguirá viendo tras la colocación de la superficie.

Acero inoxidable

El acero inoxidable es una alternativa al vidrio en este uso. Aunque el acero no es tan frágil como el vidrio, tenga cuidado en su instalación para evitar que se raye o se melle. Mantenga cualquier recubrimiento de protección hasta que se ancle en su posición.

Herramientas para el trabajo

Cinta métrica
Lápiz
Taladro sin cable
Destornillador

1 Mida y monte dos soportes de anclaje en la pared de detrás de los fuegos. La posición de los soportes será la correspondiente al nivel indicado en la parte posterior del elemento de acero inoxidable.

2 Enganche la parte posterior de la pieza inoxidable en los soportes, deslizando simultáneamente el borde inferior hacia abajo y hasta detrás de la junta encimera-pared.

Puede encontrar la necesidad de apretar o aflojar los anclajes para que la superficie de salpicadura quede apretada contra la pared.

3 Una vez colocada, quite la capa protectora de la superficie, dejando que se note el efecto del acero inoxidable.

Azulejos

Herramientas para el trabajo

Cinta métrica
Lápiz
Cortador de azulejos
Extensor con muesca
Dispensador de lechada
Brocha

Colocación de azulejos sobre azulejos

Coloque los azulejos mediante la técnica normal, manteniendo las distancias entre ellos con espaciadores. Compense las nuevas juntas de lechada para reducir el riesgo de fisuración de las líneas de lechada.

Pintado de los azulejos

1 Primeramente, lije la superficie de azulejos para que tenga agarre y, a continuación, lávela para eliminar impurezas.

2 Aplique imprimación para azulejos en la superficie de salpicadura. Deje secar antes de aplicar pintura para azulejos.

ALTERNATIVAS

• **Superficie de trabajo:** Use sobrantes de la encimera como material de la zona de salpicadura. Es durable, fácil de limpiar y a juego con la decoración de la cocina.

• **Calcomanías de azulejos:** Una superficie de salpicadura de azulejos lisos puede ser modernizada con calcomanías de azulejos.

• **Espejos:** En lugar de superficies de salpicadura de vidrio, puede utilizar un espejo. Esto es especialmente efectivo en cocinas pequeñas, en las que puede contribuir a dar sensación de espacio.

• **Mosaicos:** Una superficie de salpicadura de mosaico crea un hermoso punto de atención en la cocina.

glosario

Aceite: Pinturas al aceite o a base de disolventes.

Ácido de soldadura: También llamado por su término inglés "flux". Material de limpieza usado en las uniones, previamente a la soldadura.

Aglomerado: Material de solado hecho por fibras de madera comprimidas. Se suministra en paneles que normalmente se unen mediante un dispositivo machihembrado.

Anclaje al hormigón: Tornillo diseñado para anclar a la albañilería sin necesidad de usar taco.

Arandelas y zapatas: Aros pequeños de goma usados para evitar fugas de agua en las juntas internas de los grifos.

Barniz vidriado: Medio al que se añaden colorantes para crear efectos de pintura.

Barra de desayuno: Tramo de encimera usado para preparación de alimentos y para comer. Incorpora la posibilidad de sentarse a ella, con hueco por debajo en uno o más lados.

Base de suelo: Material que hay por debajo del recubrimiento de suelos. Usualmente es de paneles de aglomerado, tarima u hormigón.

Borde de corte en fábrica: Borde resultante en el corte durante el proceso de fabricación y, por ello, con mucha precisión. Cuando se coloca una encimera, conviene que los bordes vistos sean cortados en fábrica, en lugar de cortados a mano.

Caja de registro: Caja en la que se unen varios cables.

Cajeado: Técnica de colocación de un bastidor para cubrir componentes antiestéticos. Normalmente se construye con un bastidor de listones de madera y cubierto con un panel de construcción, como el mdf.

Carrusel: Sistema de estantes de forma circular, que se instala en elementos de esquina y gira para facilitar el acceso.

Cáscara de huevo: Pintura resistente de acabado mate. Disponible en pintura acrílica y de disolvente.

Cocina de muebles en lados opuestos: Cocina larga y estrecha, con los muebles sólo en dos lados opuestos.

Cola de madera: Adhesivo específico para madera.

Colorante: Color concentrado suministrado en tubos o contenedores pequeños; diseñado para añadir color a la pintura o barniz. Algunos son universales, en el sentido de que puede añadirse a pinturas y barnices acrílicos o de disolventes.

Componente autonivelante: Componente que se aplica a suelos de hormigón para obtener una superficie nivelada antes de vestir el suelo.

Contrachapado: Láminas finas de madera encoladas juntas para formar un panel de construcción. Las vetas de láminas alternas suelen ser perpendiculares.

Cornisa: Moldura decorativa fijada al borde superior de los muebles de pared.

Cuerpo: Estructura básica de un mueble de cocina, sin embellecedores, tales como puertas o frontales de cajones.

De automontaje: También denominado en kit y en paquete plano. Se refiere a un mueble de cocina suministrado en sus partes o secciones, que debe ser montado antes de su instalación en el lugar previsto.

Detector de viguetas: Dispositivo sensor usado para localizar la posición de viguetas en suelos y paredes. Algunos tienen un modo adicional para la detección de tuberías y cables eléctricos. Por ello es un equipo de seguridad importante, para evitar taladrar sobre cables y tuberías.

Elemento de base o de suelo: Mueble de cocina que se sitúa a nivel del suelo.

Elemento de techo: Mueble de cocina anclado al techo.

Elemento en isla: Mueble sencillo o hilera de muebles colada en el centro de la habitación y separados de los elementos instalados en el perímetro.

Elemento en península: Mueble de cocina que se extiende hacia fuera (hacia el centro de la habitación) desde una hilera de muebles de cocina instalada contra una pared. Las zonas de almacenamiento y la encimera resultan accesibles desde ambos lados.

Elementos o muebles de pared: Muebles de cocina montados en las superficies de las paredes.

Emulsión: Pintura acrílica o al agua utilizada en zonas amplias, como paredes y techos.

Envejecimiento: Efecto del pintado para lograr un aspecto envejecido en una superficie.

Esp: Imprimación que se aplica a superficies de laminado, de melanina o cerámicas.

Espaciador: Pieza colocada entre azulejos y baldosas para guardar una distancia uniforme.

Esquinas exteriores: Las esquinas que apuntan hacia el interior de la habitación.

Esquinas internas: Esquinas que apuntan hacia las paredes.

Frontal de falso cajón: Frontal de cajón que no se une a un cajón, sino a un cuerpo de mueble, para imitar la posición de un cajón, con objeto de mantener la terminación decorativa de una hilera de muebles.

Hilera única: Disposición de cocina en la que todos los muebles se alinean contra una única pared.

Inglete: Junta en ángulo, normalmente de dos piezas cuyos extremos se cortan a 45° para que, al unirlas, formen ángulo recto.

Integrada: Término aplicado a una cocina con los muebles o elementos de forma similar e instalados en posiciones fijas, integrándose generalmente en hileras.

Laminado: Término que describe un proceso en el que se une una fina lámina plástica a otra superficie, como en el aglomerado.

Lechada: Componente impermeable que rellena las holguras entre azulejos.

Loseta blanda o loseta flexible: Losetas decorativas hechas de material que puede doblarse.

Losetas rígidas: Incluye las baldosas y azulejos cerámicos, por contraposición a las losetas flexibles, como son las de corcho o vinilo.

Machihembrado: Mecanismo de unión usado en entarimados y paneles.

Mdf: Aglomerado de densidad media. Aglomerado de construcción hecho con fibras de madera comprimidas.

Molduras y cornisas: Molduras decorativas unidas a las partes inferior y superior de los muebles de pared.

Monobloc: Grifo con un solo surtidor, en el que se mezclan el agua caliente y la fría para tener la temperatura adecuada.

No integrada: Disposición de cocina en la que los muebles no están anclados permanentemente.

Panel de terminación: Panel decorativo que se une a los laterales expuestos de muebles de cocina, de suelo o de pared, al final de cada hilera. Este panel suele quedar a juego con los frontales de las puertas.

Pared con cavidad: Pared compuesta de dos capas. De hecho, dos paredes separadas por un hueco o cavidad. Es común en la construcción de paredes exteriores de las casas modernas.

Pie derecho o pilar: Pieza vertical de madera usada en la construcción de viviendas.

Pintado de juntas: Método para pintar las esquinas y uniones de paredes o paredes y techos.

Plan abierto: Diseño de casa con habitaciones muy espaciosas o en el que se han unido dos habitaciones para formar una mayor. Se aplica sobre todo a cocinas unidas a la zona de comedor.

PVA: Adhesivo polivalente. Adhesivo multipropósito que puede también usarse diluido en agua como disolución estabilizadora para paredes, suelos y techos pulverulentos.

Relleno de calafatear: Relleno flexible suministrado en tubos, y dispensado mediante pistolas de sellador. Debe alisarse antes de que seque.

Resina: Adhesivo muy fuerte.

Rodapié: Moldura decorativa que se coloca en la base de una pared.

Sellador: Silicona o masilla entubada para sellar juntas, como las existentes entre paredes y marcos de ventanas.

Sifones: Tramo de tubería en forma de U, normalmente instalado en la tubería de desagüe bajo el fregadero.

Silicona: Sellador impermeable.

Tabique de pies derechos: Tabique interior hecho de piezas verticales de madera y cubierto por cartón-yeso.

Taco de pared: Vaina de plástico o metal insertada en un agujero taladrado en una pared para alojar un tornillo.

Vástago: Mecanismo interno de un grifo.

Ventilador y campana de extractor: Sistema de ventilación alojado en un elemento decorativo diseñado para imitar el aspecto de una chimenea. Se coloca directamente sobre los quemadores, a una distancia dada, con objeto de extraer los vapores y humos.

Vigueta: Tramo de madera usado en la construcción de techos y suelos.

Vinilo: Sustancia sintética, utilizada en suelos decorativos y fáciles de limpiar. Recubrimiento de protección de algunos papeles pintados o aditivo de pintura, usados para mejorar las propiedades de resistencia y facilidad de limpieza.

Zócalo: Tablón colocado entre las patas de los muebles de suelo y la pared con fines decorativos. A menudo se unen con clips a las patas de los muebles.

Zona de salpicadura: Zona o superficie de la pared justo por encima de la encimera, especialmente frente a los quemadores. Puede cubrirse con materiales fáciles de limpiar, como azulejos, acero inoxidable o vidrio.

índice

a

Acabados pintados
emulsión, 133
envejecido, 132-133
imprimaciones, 132
Acceso autoportante (cajeado), 67
Acceso con bisagras (cajeado), 67
Accesorios, 27
Ácido para soldar (flux), 37
Agua
ablandadores, 30
desconexión de suministros, 120, 126
desconexión del desagüe, 40
llave de paso principal, 40
plano de servicios, 42
suministro a la lavadora, 78
suministro al lavavajillas, 78
véase además "fontanería"
Alicatado,
aplicación de adhesivo, 104
alrededor de enchufes eléctricos, 104
de encimeras, 115
de paredes, 97, 104-105
enchufes eléctricos redondos, 104
sobre azulejos, 135
Alicates, 36
de pivote deslizante, 37
de puntas, 36
de uso general, 36
Almacenaje
en península, 100-101
suspendido del techo, 97, 100,101
Almacenamiento con frío, 31
Alquiler de herramientas, 37
Anclaje a las paredes, 48-49
Anclaje a un listón, 49
Anclaje de soportes, 48
Anclajes al hormigón, 46
Anclajes ocultos
para estantes, 98
soportes, 99
Aparatos de cocinar, 31
Aplicador de resina, 98
Arandelas y zapatas, 121
del surtidor, 121
sustitución, 121
Armazón colgante
anclaje, 17
ver también almacenaje de techo
Artesanales, 14
Azulejos, losetas y baldosas
coordinación con papel de empapelar, 108
colocación de azulejos y baldosas, 88
colocación de lechada, 89
colocación de losetas flexibles, 89
losetas flexibles, 83
losetas rígidas, 83
nivelación, 89
pintado, 135
renovación de la lechada, 119
sustitución de roturas, 118

b

Baldosas, 83
base de suelo, 84-85
reparaciones, 119
Banco de trabajo, 36
Bandas de cubrición en solados de
laminado, 91
Barnizado de suelos de madera, 93
Barra de desayuno, 33
anclaje a la pared, 64
colocación de una pata, 64
independiente, 64
integrada, 64
Base de suelo de hormigón, 84
Base de suelo de madera, 85
colocación del cartón piedra, 85
colocación del contrachapado, 85
Base de suelo, 84-85
colocación de contrachapado, 85
colocación del cartón-piedra, 85
de hormigón, 84
de madera, 85
Bisagras
broca especial para, 116
reparación, 116-117
unión a las puertas, 54
Bloque de lijado, 37
Bomba hidráulica, 37
Bordes de tira de laminado, 59

c

Cajeado
acceso autoportante, 67
acceso con bisagras, 67
con acceso, 67
relleno de juntas, 66
sin acceso, 66
Cajones
falso cajón, 55
montaje, 45
reparación, 117
Campana (ventilador extractor), 31, 71
instalación, 76
Carrusel
elemento de suelo, 26
estante, 26
sistema, 50
Cartón piedra, 85
colocación de base de suelo de madera,
85
corte, 85
Cemento de disolvente, 37
Chimenea (instalación), 77
Chimenea y campana (ventilador extractor),
31
Cinta de carrocero, 37

Cinta métrica, 36
Cocina (aparato de cocinar)
independiente, 71
integral, 71
Cocinas con muebles en paredes
opuestas, 12
Cocinas de hilera única, 13
Cocinas en L, 13
Cocinas en U, 12
Colocación de azulejos, 104
Colocación de azulejos, para molduras de
paneles, 130
Colocación de estantes, 96, 98-99
Colocación de lechada
azulejos, 105, 107
baldosas y azulejos, 89
Componente autonivelante, 85
Congelador integral, 71
Contrachapado, extendido en bases de
suelo de madera, 85
Cornisa, 27
instalación, 60
Cortador de azulejos y baldosas, 89
Cortador lateral, 36
Corte,
realización, mdf (aglomerado de media
densidad), 66
realización de la encimera para
instalación de fregadero, 72
realización, encimera de laminado, 58
realización, encimera de madera, 56
realización, tablero de cartón-piedra, 85
Cortinas, 96
carriles, 110
instalación, 110
largueros, 110
materiales, 110
Cubo de plástico, 36
Cubo de reciclado, 31
Cúter, 36

d

Decapado de madera de suelo, 92
Desalojar canalizaciones (electricidad), 42
Desatascador de muelle, 37
Desatascador de muelle, utilización, 123
Destornilladores
de estrella, 36
plano, 36
Detector de cables, 100
Detector de viguetas, 100
Drenajes (desagües), desatascar
taponamientos, 122-123

e

Elemento de pared, 27
Elemento en península, 27
Elementos con mucho fondo, 49
Elementos de automontaje, 15
Elementos de poco fondo, 49

Elementos en isla, 17
Elementos integrales de fregadero, 70
Elementos reversibles de fregadero, 73
Elementos rígidos, 15
Elementos semimontados, 15
Enchufes eléctricos, alicatado alrededor
    de, 104
Encimeras de azulejos, 29, 106
    aplicación de adhesivo, 107
    puesta en obra de la lechada, 107
    ´sujeción del reborde, 106
Encimeras de laminado, 28
    adición de molduras de madera, 115
    instalación, 58
    junta de esquina, 59
    reparación de arañazos, 114
    reparación de bordes, 114
Encimeras de madera, 28
    corte, 56
    corte para colocación del fregadero, 72
    instalación, 56
    juntas de esquina, 57
    lijado, 102
    renovación,114
    sellado, 97, 102-103, 104
Encimeras de piedra, 29
Encimeras de piedra artificial, 59
Encimeras de piedra natural, 59
Encimeras,
    acabado de bordes, 57, 59
    aplicación de adhesivo para azulejos,
        107
    bordes de banda laminada, 59
    colocación de azulejos sobre ella, 115
    corte de madera, 56
    corte del laminado, 58
    de azulejos, 29,106
    de laminado, 28
    de laminado con reborde de madera,
        115
    de laminado, reparación de arañazos,
        114
    de laminado, reparación de bordes, 114
    de laminado, sellado, 109,115
    instalación de las de laminado, 58
    instalación de las de madera, 56
    juntas de esquina, 57,59
    lijado de las de madera, 102
    para comidas, 33
    restauración de las de madera, 114
    retirada de sobre los muebles, 41
    selección, 28
    sellado con la pared, 109
    sellado de la madera, 97,102-103,104
    sustitución, 126
    uniones en el laminado, 58
    uniones en la madera, 57
Entarimados, 83
Escalera plegable, 36
Escoplo
    con protección, 36
    de uso general, 36
Escuadra, 36
Esquina, muebles de; instalación, 50-51
Estándar, 15

Fabricantes, tratos con, 34
Filtros de carbón activo, 77
Flexible, relleno, 66
Fontanería, 19
    en aparatos, 78-79
    herramientas, 37
    mantenimiento, 122
Fregaderos, 30
    acero inoxidable, 30, 73
    aluminio, 70
    Belfast, 30, 70
    elementos, instalación, 72
    elementos, integral, 70
    elementos, puesta a tierra, 72
    encastre en la encimera, 73, 127
    extracción fuera de la encimera, 126
    posición, 13
    sifón, 123
Fresadora, 37
    realización de dibujos de molduras en
        puertas, 131
Frigorífico congelador, independiente, 31
Frigorífico integral, 71
Frontales de cajones, 16
    instalación, 55
    reparación, 117
    sustitución, 129

Gas
    plan de servicios, 42
    tubería de suministro, 19
Grifo de estilo antiguo de doble vástago, 30
Grifo de pilar central, 30
Grifo monobloc de acción por palanca, 30
Grifo monobloc de cuello de cisne, 30
Grifos, 30
    colocación en el fregadero, 72
    sustitución, 120
Guía para colocar las baldosas y azulejos, 88

h
Herramientas eléctricas, 37
    alquiler, 37
    fontanería, 37
Hilo de soldadura, 37
Horno integral, 31
    conexión del suministro, 74
    instalación, 74
    instalación del zócalo, 74
    rejilla de ventilación, 74
Horno microondas, 31

i
Imprimación para acabados pintados,
    132, 133
Independientes,16

Instalación de muebles de esquina, 50-51
Instalación de paneles de terminación, 61
Instalación del zócalo, 62
Integrales de gas, 31

Junta en inglete, 60
Juntas a compresión, 43
Juntas de empuje, 43

k
Kit de persiana, 111

l
Lápiz de carpintero, 36
Lavadoras
    desconexión, 40
    fontanería, 78
    inserción en el fregadero, 72
    instalación, 78
    integral, 71
    mantenimiento, 123
    tuberías de desagüe, 43
Lavavajillas, 30
    fontanería, 79
    instalación, 78
    integral, 30, 71
    mantenimiento, 123
Lezna, 36
Lijado de encimeras de madera, 102
Lijadora de bordes, 92
Lijadora de esquinas, 92, 93
Lijadora de suelos, 92
Lijadora eléctrica, 37
Lima de media caña, 36
Limpiadores químicos de desagües, 122
Línea de guía de nivel, 46
Listón, anclaje de barras de desayuno, 64
Listón, anclaje de muebles, 46, 49
Llave de paso principal, 40
Llave de paso, colector general, 40
Llave grifa (llave Stilson), 37, 40
Llave inglesa, 37
Losetas flexibles, colocación, 83

m
Machihembrado
    panelado, 65
    suelo laminado, 91
Madera
    aceite, 103-104
    cola, 37
Manta de soldar, 37
Martillo de uña, 36
Mascarilla para polvo, 66, 82, 103
Mazo, 36
Mdf, corte, 66

Medición, 24

Membrana plástica, suelos de laminado, 90

Mininivel, 36

Molduras de panel, adición, 130

Molduras inferiores, 27

    instalación, 61

    para almacenamiento en península, 101

Montados parcialmente, 15

Mordaza, 36

Mueble botellero de suelo, 26

Mueble de pared abierto, 27

Mueble de pared de esquina en diagonal, 27

Mueble de suelo de cajones de gran tamaño, 26

Mueble de suelo de tres cajones, 26

Mueble grande de pared, 27

Mueble grande de suelo de línea alta, 26

Mueble pequeño de pared, 27

Mueble pequeño de suelo de línea de cajones, 26

Muebles artesanales, 14

Muebles estándar, 15

Muebles independientes, 16

Muebles o elementos de base o de suelo, 26

n

Nivel, 36

Nivelación, 48

Nivelación de baldosas, 89

p

Paleta de albañil, 36

Panelado de una barra de desayuno, 64

Paneles de relleno, 25

Paneles de terminación, 61

Papel de empapelar con vinilo, 108

    recubrimiento de barniz o vidriado, 108

    unión al rodapié, 109

Pared, muebles de, 27

Pared, muebles de altura, 52

Pared, muebles de anclajes, 53

Pared, muebles de, instalación de cornisas, 60

Pared, muebles de, instalación de molduras, 61

Pared, muebles de, medición de la posición, 52

Pared, muebles de, unión entre ellos, 53

Paredes

    anclaje de los muebles, 48-49

    instalación de estantes, 98

    marcado de una línea de guía, 46, 52

    pintado, 108

    unión de un listón, 46

    utilización de anclajes para hormigón, 46

Pata regulable, 27

Patas, 47

    regulación, 48

    unión a los muebles, 47

Persianas (estores), 96, 111

Pintado

    azulejos, 135

    preparación para, 132

    protección previa de elementos, 108

    suelos de madera, 93

Placa de fuegos integral, instalación, 74

Plano a escala, 25

Plano, preparación de, 25

Pomos, 27, 128

Posicionamiento, 48

Postes de apoyo de esquina, 27

Preparación de muebles para su pintado, 132

Presupuesto (preparación), 35

Profesionales, tiempos de trabajo, 34

Protecciones de ojos (gafas de seguridad), 92, 103, 118

Protectores de oídos, 92

Puertas

    añadidura de paneles de moldura, 130

    colocación de manillas, 54

    cubrición con papel pintado, 131

    elementos de esquina, 55

    para aparatos integrales, 79

    reparación de bisagras, 116-117

    sustitución, 129

    unión de bisagras, 54

Puertas con dibujos, 130-131

Puertas de muebles de esquina, 55

Puesta a tierra de los fregaderos, 72

Puntero para clavos, 36

q

Quemadores de gas integrales, 31

Quemadores, instalación de placas integrales, 74

r

Recortador de vinilo, 87

Relleno de holguras en suelos de madera, 93

Relleno de juntas de cajeados, 66

Relleno flexible, 66

Renovación de la encimera, 114-115

Renovación de la lechada de azulejos, 119

Reparaciones

    azulejos rotos, 118

    baldosas y azulejos, 118

    bisagras, 116-117

    encimera, 114

    frontales de cajones, 117

    grifos, 120

    manillas y tiradores, 129

    puertas, 129

    tiradores de cajones, 117

Retirada de los muebles, 41

Retirada del sifón del desagüe, 123

s

Salpicadura, superficie de, 134-135

    pintado de azulejos, 135

sellado, 109

superficie de acero inoxidable, 135

superficie de, azulejos sobre azulejos, 135

superficie de vidrio, 134

sustitución, 134-135

Sellado

    base de suelo de hormigón, 84

    encimera de madera, 97, 102, 103, 104

    juntas, 109

Sellador

    dispensador, 36, 109

    eliminación de lo no deseado, 109, 115

    silicona, 37, 109, 123, 127

    sustitución, 115

    tiempos de secado, 109

Serrucho, 36

    utilización, 66

Sierra de calar, 37, 91

Sierra de inglete, 36, 62

Sierra de metales, 36

Sistema de extracción, conductos, 76

Soldador de gas (soplete), 37

Soportes

    anclaje a la pared, 48

    anclaje de la encimera, 48

Suelos

    baldosas, 83

    bandas de cubrición de laminado, 91

    colocación bajo el zócalo, 63, 85

    colocación de baldosas, 88

    colocación de laminado, 90-91

    colocación de losetas flexibles, 89

    colocación de vinilo, 86-87

    embaldosado previo a la instalación de muebles, 88

    laminado, 82

    laminado machihembrado, 91

    losetas flexibles, 83

    reparaciones con baldosas, 119

    tarima, madera, 83

    vinilo, 82

Suelos de laminado, 82

    banda de cubrición, 91

    colocación, 90, 91

    machihembrado, 91

Suelos de madera

    acabados, 93

    decapado (acuchillado), 92

    preparación, 92

    relleno de holguras, 93

Suelos de vinilo, 82

    base de suelo, 84,87

    colocación, 86-87

    uniones, 87

Sujeción de carriles para cajones, 44

Suministro eléctrico, 19

    plan de servicios, 42

    desalojar las canalizaciones, 42

Superficies de pared, preparación para el alicatado, 104

t

Tacos de pared, 37, 47
Tacos de pared, para estantes, 99
Taladro/destornillador sin cable, 36
Techo
  almacenamiento de, 97, 100, 101
  pintado, 108
Tendederos, 100
Teñido de suelos de madera, 93
Tiempo de instalación, 35
Tiempos de secado de resinas, 98
Tiradores de cajones, fijación, 117
Triángulo de trabajo, 12
Tuberías
  de cobre (uniones), 43
  de desagüe de plástico, 43
  cajeado, 66

cortadora, 37
curvadora, 37
detector de viguetas y cables, 36

u

Unión de esquina,
  en encimeras de laminado, 59
  en encimeras de madera, 57
Uniones
  soldadas, 43
  muebles, 49
  tuberías de desagüe de plástico, 43

v

Ventanas, vestido, 96,110-111
Ventilación, 76

rejilla para horno integral, 74
sistemas, 108
véase además ventilador extractor
Ventilador extractor, integral, 71
Ventilador extractor, chimenea y campana,
  31, 71

z

Zapatas, 121
Zócalo, 27
  ajuste a un horno integral, 74
  colocación de suelos bajo el zócalo,
    63, 85
  esquinas interiores, 63
  instalación, 62
  tratamiento de los extremos con corte,
    63

los autores

Julian Cassell y Peter Parham han dirigido su propio negocio de construcción y decoración durante varios años, habiendo renovado con éxito gran variedad de pequeñas y grandes propiedades en el Reino Unido. Estos autores premiados han escrito varios libros, que cubren todos los aspectos del bricolaje, y su aproximación innovadora al problema les ha convertido en invitados populares de programas de televisión y radio.

agradecimientos

Los autores desearían agradecer a las personas siguientes, por proporcionarles apoyo, consejos y ayuda en general en la producción de este libro: Craig Rushmere, John y Margaret Dearden, David House de Hewden Hire, de Bruton, Michael y Sue Read, y a todo el personal de la sala de exposición MFI de Yeovil.

Murdoch Books querría ampliar su agradecimiento a quienes han ayudado a la edición de este libro, especialmente a: Alisair Laing y Iain MacGregor por resolver todos los problemas con su facilidad habitual. También queremos agradecer mucho a Tim Ridley, no sólo por su saber hacer tras las cámaras, sino también por su contribución ante ellas. "Grazie mille" a Marina Sala, su capaz ayudante, y, como siempre, muchas gracias a Adele por su maestría en los departamentos de catering y consulta.

Copyright © EDIMAT LIBROS, S. A.
Calle Primavera, 35
Polígono Industrial El Malvar
28500 Arganda del Rey
MADRID-ESPAÑA

Publicado por primera vez en 2001 por Murdoch Books UK Ltd.
Copyright© 2001 Murdoch Books (UK) Ltd
Ferry House, 51–57 Lacy Road,
Putney, London, SW15 1PR

ISBN: 84-8403-997-8
Depósito legal: M-24790-2002

Autor: Julian Cassell y Peter Parham
Título original: Kitchens
Impreso en: COFÁS, S. A.

Todas las fotografías son de Tim Ridley y sus derechos de Libros Murdoch UK Ltd excepto: pág.5 derecha MFI (Smeg), pág.6 abajo izquierda MFI (Hygena),pág.7 MFI (Schreiber), pág.8 MFI (Hygena), págs.10–11 MFI (Hygena), págs.20–21 MFI (Hygena), pág.22 izquierda MFI (Schreiber) derecha MFI (Hygena), pág.23 arriba derecha MFI (Schreiber) abajo derecha MFI (Hygena), pág.31 congelador/frigorífico MFI (Smeg) microondas y contenedor de basuras MFI, pág.32 arriba MFI abajo MFI (Hygena), pág.33 izquierda y abajo derecha MFI (Hygena) arriba derecha MFI (Schreiber), págs.38–9 MFI (Hygena), pág.65 MFI (Hygena), págs.68–9 Murdoch Books®/Meredith, pág.70 izquierda MFI (Armitage) derecha MFI (Schreiber), pág.71 izquierda y arriba derecha MFI (Hygena) abajo derecha MFI (Schreiber), págs.80–1 Murdoch Books®/Meredith, págs.82–3 todas MFI (Hygena), pág.87 abajo derecha MFI (Hygena), págs.94–5 MFI (Hygena), pág.96 izquierda MFI (Hygena), pág.97 arriba derecha MFI (Hygena) abajo derecha MFI (Schreiber), pág.111 abajo derecha MFI (Hygena), págs.112–3 MFI (Schreiber), págs.124–5 MFI (Hygena), pág.133 abajo derecha Murdoch Books®/Meredith

IMPRESO EN ESPAÑA - PRINTED IN SPAIN